भोजपुरी के 'शेक्सपियर' और 'अनगढ़ हीरा' कहे जानेवाले भिखारी ठाकुर अकेले लोककलाकार हैं, जिन्होंने अपने गीत और नाटकों द्वारा न केवल जनता का मनोरंजन किया, बल्कि समकालीन सामाजिक समस्या और विसंगतियों को उजागर कर उनके ख़ात्मे और सुधार का प्रयास किया। इसीलिए उन्हें 'लोकजागरण का महानायक' कहा जाता है। लोककलाकार भिखारी ठाकुर पर उनके जीवन काल से अब तक छोटी-बड़ी कुछ रचनाएँ मिलती हैं। अपने जीवन काल में ही लीजेंड और मिथक बन चुके भिखारी ठाकुर समय बीतने के साथ और भी सामयिक और प्रासंगिक बनते जा रहे हैं। सोशल मीडिया और यू-ट्यूब चैनलों पर उनके गीत और नाटकों को गाने और दिखाने की होड़-सी मची है। हर लोकगायक भिखारी ठाकुर का कोई-न-कोई गीत अवश्य गाना चाहता है। शारदा सिन्हा से लेकर कल्पना पटवारी और आज के चर्चित कलाकारों तक, प्रायः सबने भिखारी ठाकुर के गीत गाये हैं। भोजपुरी की पहली फ़िल्म 'हे गंगा मईया तोहे पियरी चढ़इबो' पर उनके 'गंगा-स्नान' और 'बिदेसिया' नाटक का प्रभाव है। 'बिदेसिया' नाटक पर अलग से फ़िल्म बनकर चर्चित हुई थी। उन पर अनेक शोध-अनुसन्धान हुए हैं और हो रहे हैं।

किन्तु भिखारी ठाकुर पर अभी तक कोई वैसी प्रामाणिक और स्तरीय पुस्तक नहीं आयी हैं, जिससे इस क्रान्तिकारी कलाकार के राष्ट्रीय महत्त्व और ख्याति का मूल्यांकन किया जा सके। चर्चित लेखक हरिनारायण ठाकुर की यह पुस्तक इसी दिशा में एक महत्त्वपूर्ण प्रयास है। भिखारी ठाकुर के गीत और लोकनाटक अपने आप में एक आन्दोलन है। नवजागरण से लेकर आज़ाद भारत के 70वें दशक तक लिखने और नाचने-गानेवाले इस लोककलाकार ने बहुत बड़ा लोकजागरण और सांस्कृतिक नवजागरण पैदा किया था। उन पर आर्यसमाज से लेकर उस ज़माने के प्रायः सभी सामाजिक और सांस्कृतिक आन्दोलनों का प्रभाव पड़ा था। भिखारी ने अपनी कला के माध्यम से भेदभाव मिटाकर एक सन्तुलित समाज की स्थापना का प्रयास किया है।

बकौल लेखक-"भिखारी सामाजिक व्यवस्था को तोड़ते नहीं हैं। उसी व्यवस्था में सबकी महत्ता स्थापित करते हैं। बुद्ध और गांधी ने भी नहीं तोड़ी। उसी में सुधार और उद्धार किया। कबीर, रैदास, फुले, पेरियार और अम्बेडकर ने तोड़ने की कोशिश की। किन्तु समुद्र में उठे तूफ़ान और लहरों की तरह व्यवस्था फिर सतह पर आ गयी। इतने थपेड़े खाकर भी बद्धमूल

व्यवस्था और रूढ़ियाँ जहाँ की तहाँ बनी हुई हैं। फिर भी, भले ही जातियाँ और वर्ण-व्यवस्था नहीं टूटी हों। पर उनके बीच की दूरियाँ कम ज़रूर हुई हैं। समानता, स्वतन्त्रता और भाईचारे में वृद्धि हुई है। सामाजिक न्याय पहले से अधिक सुलभ हुआ है। यह निरन्तर उठनेवाली लहर और थपेड़ों का ही परिणाम है। सामाजिक न्याय के इस आन्दोलन में भिखारी ठाकुर का योगदान किसी से कम नहीं है। भिखारी ठाकुर ने कोई तूफ़ान और बवण्डर नहीं उठाया, बल्कि अपनी कला की महीन कैंची से विसंगतियों को कतर डाला। भिखारी ने कहा कि मुख भले ही श्रेष्ठ हो, पैर के दर्द से आह मुख से ही निकलती है, भुजा जब सेज सजाती है, तो उस पर सबसे पहले पैर ही बैठता है। पेट की बीमारी पैरों के दौड़ने से ही ठीक होती है। मनुष्य का सबसे पहला नाम 'बबुआ' है, फिर 'भइया', फिर 'बाबू', तब 'बाबा'। इसीलिए शूद्र सबसे प्राथमिक और श्रेष्ठ है-

प्रथम शूद्र, द्वितीय बइस, तृतीय क्षत्री हाथ।
चौथे ब्राह्मण बकत मुख, सभी रहत एक साथ।।"

भिखारी आगे कहते हैं-

बाबा-बाबू-भइया-बबुआ का पदवी का भाव।
कहत भिखारी हाथ जोरि के, ठीक चाही बरताव।।

-चौवर्ण पदवी

लोककलाकार

भिखारी ठाकुर

सांस्कृतिक नवजागरण और सामाजिक न्याय के अग्रदूत

हरिनारायण ठाकुर

वाणी प्रकाशन

प्रकाशन के उत्कृष्टतम 62 वर्ष

पेपरबैक पहला संस्करण : 2025

vaniprakashan.com

वाणी प्रकाशन

4695, 21-ए, दरियागंज, नयी दिल्ली-110 002

फ़ोन : + 91 11 23273167, 23275710

शाखाएँ

अशोक राजपथ, पटना-800 004, बिहार

कॉफ़ी हाउस कैम्पस, महात्मा गांधी मार्ग, प्रयागराज-211 001, उत्तर प्रदेश

महात्मा गांधी अन्तरराष्ट्रीय हिन्दी विश्वविद्यालय, वर्धा-442 001, महाराष्ट्र

sales@vaniprakashan.in

vaniprakashan@gmail.com

Bhikhari Thakur
by Harinarayan Thakur

ISBN : 978-93-6944-020-7
Biography

मूल्य : ₹ 299

जी.एस. ऑफ़सेट, दिल्ली-110 095 में मुद्रित

वाणी प्रकाशन का लोगो मक़बूल फ़िदा हुसैन की कूची से

अपनी कला-साधना से
सोये समाज को जगानेवाले, कलाशिल्पियों, कलाप्रेमियों,
देश के आम-आवाम और नयी पीढ़ी को,
जो अपनी लोकभाषा, लोककला और लोक-संस्कृतियों से
विमुख होते जा रहे हैं।

अनुक्रम

प्रस्तावना : भोजपुरी भाषा अवलम्बे 9

नाम भिखारी काम भिखारी 15

- लोकनाट्य परम्परा के अद्भुत चितेरा 15
- छूरा छुटल, कैंची छुटल, छूटल नोहरनिया 17

पुरखा पद के कर प्रणाम 23

- भिखारी ठाकुर की शादी और बच्चे 24
- घर-परिवार और वंशावली 28
- भिखारी भक्त रामदास राही 31

भिखारी ठाकुर की कहानी : जीवित पात्रों की जुबानी 34

भिखारी ठाकुर के समकालीन कवि-कलाकार 39

- रसूल मियाँ 40
- महेन्द्र मिश्र 46
- 'बटोहिया' के कवि रघुवीर नारायण 51
- 'फिरंगिया' के कवि मनोरंजन प्रसाद सिंह 51
- मुनिया (सुन्दरी) बाई व दुनिया बाई 52
- रामसकल पाठक 'द्विजराम' 55
- महेश्वराचार्य 57

बनिया गुरु नाम भगवाना : भिखारी ठाकुर के गुरु और संगी-साथी 59

ए मकई, तोहार गुन गूँथब माला : भिखारी ठाकुर की कला 64

- भिखारी ठाकुर की अभिनय कला 64
- जनकवि भिखारी 75

भिखारी ठाकुर की लोकप्रियता 81
- कुलवा में दगवा लगइले रे भिखरिया 81
- केहू कहत बा रायबहादुर, केहू कहे शेक्सपियर 83
- दिन एतवार रहे, बिहिया बाज़ार रहे 87

भिखारी ठाकुर की बहुजन चेतना और सामाजिक न्याय 90
- भिखारी ठाकुर और पिछड़ा वर्ग आन्दोलन 94
- जाति सभा में नाउ माथ 96

भिखारी ठाकुर की रचनाओं में सामाजिक-सांस्कृतिक सन्देश 106
- जीवन की अवस्थाएँ और बुढ़शाला के बेयान 108

भिखारी ठाकुर की राष्ट्रीयता और देशभक्ति 112

भिखारी ठाकुर की भक्ति भावना 118

इतना तो करना स्वामी जब प्राण तन से निकले 122
- भिखारी ठाकुर की मृत्यु 123

तत्कालीन संवाद संसार और आज के स्मारकों में भिखारी ठाकुर 126

भिखारी ठाकुर के प्रमुख नाटकों का संक्षिप्त परिचय 128
- बिदेसिया 128
- बेटी-बेचवा (बेटी वियोग) 132
- विधवा-विलाप 133
- गबरघिचोर 134

भोजपुरी भाषा अवलम्बे

"भोजपुरी भाषा अबलम्बे। फ़ोटो भइल भिखारी के बम्बे।।
फ़िल्म रिकार्ड से रेडियो तक। पेपर में झलकत झकाझक।।
इण्डिया-भर में भइल शोर। जिन्ह के भाई हवन बहोर।।
अइसन भिखारी कइलन तमासा। फइल गइल भोजपुरी भाषा।।
झूठहू राम नाम जपला से, भोजपुरी भाषा गहला से।
असही नाम फैलते जाता। रेडियो से काशी-कलकाता।।"

(भिखारी ठाकुर, भिखारी रचनावली)

"भोजपुरी भाषा के उमरिया लरिकाई रहे,
चाहे खड़ा होखेके त गिर पड़े धम्म से।
हँसहू के लूर नहिं रोबहू के लूर रहे,
कवनो अलंग न रहे, एको ढंग से।
भोजपुरी में 'मालिक जी' महानमा ये लोगे,
जानेला जहनमा ना..."

(भिखारी ठाकुर पर प्रचलित मशहूर गीत)

लोकभाषाएँ शताब्दियों से जनता के कण्ठ में बसी हैं। जनता की वाचिक परम्परा में न जाने कब से ये भारतीय संस्कृति की संवाहक बनी हुई हैं। इनका भूगोल तो होता है, पर इतिहास नहीं। इनका कोई लिखित रूप भी नहीं होता, न शास्त्र, न व्याकरण। ये परिनिष्ठित भाषा की तरह शास्त्रसम्मत नहीं, लोकसम्मत होती हैं और जनता की जुबान में बसती है। पर इनके शब्दों की मार, भावों की धार और संवेदनाओं की हिलोरें अन्दर तक हिला देती हैं। मन-प्राण पुलकित हो जाते हैं और भावनाएँ झंकृत। इनका स्वत: प्रवाह कभी-कभी भाषाओं की दीवारें तोड़ता हुआ भावों के समुन्दर में समा जाता है। तब ये स्थानीय न होकर पूरे देश और विश्व की भाषा बन जाती हैं।

भारत में सैकड़ों लोकभाषाएँ हैं। इनमें कइयों ने अपने कला माध्यम से भाषाओं की दूरियाँ लाँघकर राष्ट्रीय और वैश्विक पहचान बनायी हैं। ऐसी भाषाएँ मुख्य रूप से बंगला, असमी, तमिल, पंजाबी, राजस्थानी, अवधी, उर्दू और भोजपुरी हैं। उत्तर भारत में डोगरी, मैथिली, अवधी और ब्रजभाषा तथा दक्षिण में मलयालम, कन्नड़, कोंकणी और गुजराती ने भी अपनी कला साधना से राष्ट्रीय प्रतिष्ठा हासिल की हैं। लेकिन भाषाओं को परवान पर चढ़ाने और लोकप्रिय बनाने का श्रेय जनता के साथ-साथ उनके शब्दशिल्पियों और कलाकारों को जाता है। उत्तर भारत में जिस प्रकार मैथिली को विद्यापति के कारण, अवधी को तुलसीदास और जायसी के कारण तथा ब्रजभाषा को सूरदास के कारण प्रतिष्ठा और ख्याति मिली, उसी प्रकार भोजपुरी को भिखारी ठाकुर के कारण।

न केवल देश में, बल्कि विदेशों में भी भिखारी ठाकुर का नाच जहाँ-जहाँ गया, भोजपुरी भाषा भी अपनी आभा बिखेरती चली गयी। नेपाल, भूटान, मॉरिशस, गुयाना, सूरीनाम, त्रिनिडाड-टुबैको, फीजी, मालदीप आदि देशों में भिखारी ठाकुर की नाच-मण्डली ने भोजपुरी भाषा, संस्कृति और कला का जादू बिखेरा। उनके मरने के बाद भी उनकी पार्टी देश-विदेश में अपनी कला प्रस्तुति करती रही। जिस प्रकार आजकल बिहार, यूपी के लोग दिल्ली, पंजाब कमाने जाते हैं, उसी प्रकार उन दिनों कलकत्ता कमाने जाते थे। कलकत्ता देश की राजधानी थी। भिखारी ठाकुर खुद भी कलकत्ता कमाने गये थे। कलकत्ता पूरब में है। उसको गाँव समाज में 'पूरब देश' कहा जाता है। पूरब देश में कमाने गये अपने पति के वियोग में पत्नियाँ आठ-आठ आँसू बहाती थीं। विस्थापन और वियोग की इस दारुण व्यथा को भोजपुरी गीतों में गहरी संवेदना के साथ चित्रित किया गया है। विरह-वियोग के ये गीत केवल लौकिक वियोग गीत ही नहीं रहे, कबीर की तर्ज पर ये आत्मा-परमात्मा के विरह गीत भी बन गये-निर्गुण। पूरब देश गये पिया के वियोग में रचित ऐसे गीतों को इसीलिए 'पूर्वी या पूरबिया' कहा जाता है। भोजपुरी में महेन्द्र मिश्र और भिखारी ठाकुर ने बड़ी संख्या में ऐसे गीतों की रचना की। वैसे तो भिखारी ठाकुर के सभी नाटक और तमाशों में ऐसे गीत जायेंगे, लेकिन 'बिदेसिया' नाटक ऐसे विरह गीतों का भण्डार है।

"पियबा गइलन कलकतवा, ए सजनी।
तुरी दिहलन पति अउरि पतनी के नतवा, ए सजनी,
किरिन भीतरे परतवा, ए सजनी। पियबा.....
गोड़वा में जूता नइखे, सिरवा पर छातावा, ए सजनी,
कइसे चलिहन रहतवा, ए सजनी। पियबा....

सोचत-सोचत बीतत बाटे दिन रतवा, ए सजनी,

कतहू लागत नइखे पतावा, ए सजनी। पियबा....." (बिदेसिया)

(विरहिणी नायिका अपनी सहेली से कहती है–हे सखी, पिया कलकत्ता चले गये। पति-पत्नी का नाता तोड़ दिया। किरण (सूरज) निकलने के पहले प्रात:काल ही वे चले गये। उनके पैर में जूते नहीं हैं, सिर पर छाता नहीं है। धूप में रास्ते पर कैसे चल पायेंगे? सोचते-सोचते दिन-रात बीत रहे हैं। कहीं पता नहीं लग रहा है।)

भिखारी ठाकुर ने अपने गीत, नृत्य और नाटकों में लोक में प्रचलित गीत-संगीत की तमाम शैलियों को अपनाकर उन्हें नया रूप दिया। उनसे पहले भोजपुरी भाषा में लेखन और प्रकाशन प्राय: प्रचलन में नहीं था। भिखारी ठाकुर के नाच ने ही भोजपुरी भाषा को इतना लोकप्रिय बनाया कि इस भाषा में रचनाएँ बहुतायत में लिखी जाने लगीं। खुद भिखारी ठाकुर ने ही अपने गीत और नाटकों को लिखा। इसके पहले छिटपुट गीत अवश्य लिखे जाते थे। पर उनका प्रकाशन न के बराबर था। खुले मंच से नाच और नाटक की भी कोई ठोस परम्परा नहीं थी। यह भिखारी ठाकुर की मौलिक देन है। यद्यपि रसूल मियाँ और गुदर राय जैसे लोककलाकारों के नाच चलते थे, पर उसकी कोई व्यवस्थित परम्परा नहीं थी। भोजपुरी को भाषा का दर्जा और फ़िल्म आदि की शुरुआत भी भिखारी ठाकुर के नाच की लोकप्रियता के बाद ही हुई। भोजपुरी भाषा की पहली फ़िल्म 'हे गंगा मैया तोहे पियरी चढ़इबौ' 1961 में बननी शुरू हुई, जब भिखारी ठाकुर के नाचों की धूम मची थी। यह फ़िल्म भिखारी ठाकुर के नाटक 'गंगा स्नान' और रसूल मियाँ के 'गंगा नहान' से प्रेरित है। इसे भारत के प्रथम राष्ट्रपति डॉ. राजेन्द्र प्रसाद ने नजीर हुसैन से बनवाया था। राजेन्द्र बाबू भिखारी ठाकुर के क्षेत्र और जिला के ही रहनेवाले थे और भिखारी ठाकुर से प्रभावित थे। भिखारी ने उन पर गीत भी लिखा है। उसी समय भिखारी ठाकुर के प्रसिद्ध 'नाच' (नाटक) 'बिदेसिया' पर भी फ़िल्म बनी, जिसमें भिखारी ठाकुर ने भी अपने एक गीत के साथ अभिनय किया। लगभग एक ही समय 1961-63 में दोनों फ़िल्मों का निर्माण शुरू हुआ और दोनों 1963 में ही आगे-पीछे रिलिज हुईं। भिखारी ठाकुर ने पहली बार अपने गीत और नाटकों में भोजपुरी क्षेत्र के रहन-सहन, वेश-भूषा और सोच-विचार, शादी-विवाह, व्रत-त्योहार, यज्ञ-अनुष्ठान, गंगास्नान, मेला-ठेला, ग्रामीण क्षेत्र के गुरु और शिष्यों द्वारा गाँव-गाँव घूमकर 'चौथचन्दा' माँगने की प्रथा, जन्म से लेकर मरण तक मनुष्य के लगभग सारे पारिवारिक-सामाजिक संस्कारों का चित्रण किया। भिखारी ठाकुर की रचनाओं में चित्रित संस्कार और संस्कृति लगभग पूरी हिन्दी पट्टी और थोड़े-बहुत अन्तर से पूरे भारत की संस्कृति है। यह संस्कृति

भिखारी ठाकुर के नाटक और गीतों में कूट-कूट कर भरी हुई है। इसीलिए भिखारी ठाकुर को लोकसंस्कृति और लोकजागरण का कवि कहा जाता है।

कबीर की तरह भिखारी ठाकुर की भाषा भी धाराप्रवाह उछाल मारकर चलती है। जीवन के राग-रंग, हास-परिहास, विरह-मिलन, प्रेम और युद्ध, हँसी-ख़ुशी, दुख-संताप को भिखारी ने हृदय की गहराई में उतरकर व्यक्त किया है। उन्होंने अपनी कला के माध्यम से न केवल अपने समय और समाज को चित्रित किया, बल्कि आनेवाले समय और समाज का भी संकेत दे दिया। हजारी प्रसाद द्विवेदी ने कबीर को हिन्दी भाषा का 'डिक्टेटर' कहा है। भिखारी ठाकुर भोजपुरी भाषा के 'डिक्टेटर' थे। उन्होंने सहज-सरल शब्दों में शील-सौन्दर्य, हँसी-रुदन सबका मार्मिक चित्रण किया, मन की अतल गहराइयों में छुपे भावों को निकाला और समाज की अनकही कहानियों को अनूठी शैली में कहकर सोये समाज को जगा दिया। भिखारी ठाकुर का समय ब्रिटीश भारत में 'नवजागरण' से शुरू होकर आज़ादी के बाद आधुनिक काल में समाप्त होता है। पर उनका सन्देश काल की सीमा से परे है। उन्होंने भारतीय लोकसाहित्य और कला को जो सहजता और ऊँचाई दी, वह अविस्मरणीय है। भिखारी ठाकुर का महत्त्व इसलिए नहीं है कि वे अच्छे गायक, वादक, अभिनेता, नर्त्तक और कवि थे, बल्कि इसलिए है कि उन्होंने अपनी कला की छाप प्रत्यक्ष रूप से समाज पर छोड़ी। उनका 'बेटी-बेचवा (बेटी वियोग) नाटक देखकर कई गाँवों के लोगों ने बेटी बेचना बन्द कर दिया। कई गाँवों में खुद बेटियों ने ही बिकने से इनकार कर दिया। उनके सभी नाटक और गीत सरोकार परक होते थे। वे अपनी रोचक कला के माध्यम से समाज की समस्याओं को इस तरह उठाते थे कि वह स्रोता और दर्शकों के मन-प्राणों में समा जाता था। प्रस्तुति ऐसी कि जो भी एक बार देख ले, सुन ले, उसे पूरे सम्वाद और गीत याद हो जाते थे। भिखारी ठाकुर का नाच देखकर लौटनेवाले लोग उनके गीतों को गुनगुनाते हुए लौटते थे। भिखारी ठाकुर के गीत समाज में मुहावरे और पहेलियों की तरह फैल चुके थे। आज भी भोजपुरी क्षेत्र में भिखारी ठाकुर के गीत शादी-विवाह आदि अनुष्ठानों में संस्कार गीत के रूप में प्रचलित हैं। लोकप्रियता के इस अद्‌भुत अन्दाज को भिखारी ठाकुर ने खुद ही अपनी रचना में व्यक्त कर दिया है–

"नाम भइल बहुत दूर ले, नाच के लबारी में।
केहू जपत बा गाय चरावत, केहू जपत बनिहारी में।
केहू जपत बा बिरहा गाके, चिखना खाके तारी में।
भोजन करत में बालक सुमिरत, दाल-भात ले थारी में।
केहू जपत बा हम ना देखली, ऊमर चढ़ल बुढ़ारी में।.... "

ऐसा था भिखारी ठाकुर की कला का प्रभाव! आज तक भारतीय लोक साहित्य, लोककला, लोकसंगीत, लोकनृत्य, गायन और वादन भिखारी ठाकुर की ऊँचाई को नहीं छू सके हैं। भिखारी ऐसे कलाकार थे, जो अपने जीवन काल में ही 'लीजेण्ड' बन चुके थे।

आभार

भिखारी ठाकुर पर पुस्तक लेखन में कतिपय पुस्तक, अभिलेख, भिखारी ठाकुर के परिजन और सम्बन्धियों से बातचीत एवं भाजपुरी भाषा के विद्वान मित्रों से सहयोग मिला। इस सम्बन्ध में सबसे बड़ा सहयोग 'लोककलाकार भिखारी ठाकुर आश्रम' के संस्थापक मन्त्री, लेखक और भिखारी ठाकुर के सम्बन्धी वयोवृद्ध रामदास 'राही', भिखारी ठाकुर के प्रपौत्र सुशील कुमार, वेदप्रकाश ठाकुर, मनोज ठाकुर और राकेश ठाकुर से मिला। 'राही जी' ने अनेक संस्मरण सुनाये। भिखारी ठाकुर पर प्रथम शोध करनेवाले विद्वान प्रो. तैयब हुसैन, मेरे मित्र एल.एस. कॉलेज, मुज़फ़्फ़रपुर के प्रोफेसर और भोजपुरी के विभागाध्यक्ष डॉ. जयकान्त सिंह 'जय' एवं भाषावैज्ञानिक राजेन्द्र प्रसाद सिंह से भी भरपूर सहयोग मिला। पूर्व कुलपति डॉ. रिपुसुदन श्रीवास्तव, कवि मित्र रमेश ऋतम्भर, भोजपुरी कवि महेश ठाकुर 'चकोर', कुमार विरल, ब्रजभूषण मिश्र, प्रो. लाल बाबू यादव आदि लोगों से भी बातचीत होती रही। बिहार विधान परिषद् के सदस्य और बिहार राष्ट्रभाषा परिषद् के पूर्व अध्यक्ष प्रो. वीरेन्द्र नारायण यादव और उनके प्रयास से प्रकाशित 'भिखारी ठाकुर रचनावली' से भी भरपूर सहायता मिली। मैं इन तमाम मित्र और सहयोगियों का आभार व्यक्त करता हूँ। बचपन से जवानी तक भिखारी ठाकुर का नाच देखकर बड़े होनेवाले उनके क्षेत्र के ग्रामीण और मोतिहारी के एक सरकारी कॉलेज के वरीय कर्मचारी श्री दिनेश प्रसाद राय ने भिखारी ठाकुर के सम्बन्ध में अनेक संस्मरण, उनके नाटक और गायन की प्रस्तुति का आँखों देखा हाल सुनाया। उन्होंने उनके कई गीतों को गाकर भी सुनाया। मैं उनका विशेष रूप से आभारी हूँ।

प्रकाशन सहयोग के लिए मैं 'वाणी प्रकाशन समूह', नयी दिल्ली के निदेशक श्री अरुण माहेश्वरी जी का हृदय से आभारी हूँ, जिन्होंने बार-बार प्रेरित करके पुस्तक को पूरा करने का प्रोत्साहन और पुस्तक प्रकाशित करने का आश्वासन दिया। मैं 'वाणी प्रकाशन समूह' के सम्पादक श्री विनोद भारद्वाज और पुस्तक प्रकाशन में लगे तमाम कर्मियों का भी आभारी हूँ, जिनके सहयोग से पुस्तक प्रकाशित हो सकी। पाण्डुलिपि के टंकण, संशोधन और प्रूफ रीडिंग में मेरे तीनों पुत्र राजीव, दीपक और नीरज तथा

भतीजे रविशंकर ने सहयोग किया। पुस्तक लिखने का प्रोत्साहन मेरे निकट सम्बन्धी पूर्व प्रधानाध्यापक श्री वृजमोहन ठाकुर, आनन्द किशोर और केवल ठाकुर से भी मिलता रहा। मैं सबको धन्यवाद देता हूँ। पुस्तक को मौलिक और प्रामाणिक बनाने की पूरी कोशिश की गयी है। फिर भी त्रुटियों की सम्भावना तो रह ही जाती है। इसका निर्णय मैं सुधी पाठकों पर छोड़ता हूँ। 'बायोपिक्स' की शब्द सीमा और पृष्ठों की संख्या का ख्याल करते हुए कम शब्दों में अधिक सामग्री भरने की कोशिश की गयी है। आशा है मेरी अन्य पुस्तकों की भाँति यह पुस्तक भी पाठकों को पसन्द आयेगी।

इति!

दिनांक: 10/05/2024

हरिनारायण ठाकुर
'विमर्श वाटिका',
नागेन्द्र नगर, लेन न.-01, बेला रोड, मिठनपुरा,
पो.- रमना, मुज़फ़्फ़रपुर, पीन कोड-842002, बिहार
मोब- 9472436229 / 8340547371

नाम भिखारी काम भिखारी

लोकनाट्य परम्परा के अद्भुत चितेरा

लोकनाट्य परम्परा के प्रतिनिधि सूत्रधार के रूप में यदि भारतीय साहित्य और संस्कृति को किसी एक कलाकार को खड़ा करना पड़े, तो निश्चय ही वह भोजपुरी के शेक्सपियर भिखारी ठाकुर होंगे। लेकिन भिखारी ठाकुर की पहचान 'शेक्सपियर' और 'रायबहादुर' कहलाने में नहीं है, ग्रामीण जनता उन्हें केवल भिखारी ठाकुर के नाम से ही जानती है। भिखारी ठाकुर ने खुद भी कहा है–

"नाम भिखारी काम भिखारी, रूप भिखारी मोर।
ठाट-पलान मकान भिखारी, भइल चहुँ दिशि शोर।।"

उनकी नाट्य मण्डली के कलाकार और कलाप्रेमी आदर से उन्हें 'मालिकजी' या 'मलिकजी' कहकर बुलाते थे। 'बिदेसिया' नाम लेते ही भिखारी ठाकुर की छवि और शैली आँखों के सामने कौंध जाती है। भिखारी ठाकुर ने 'तुलसी रामायण' एवं लोक प्रचलित गीतों की शैली को आधार बनाकर भोजपुरी के अपने गीत और नाटकों में नवीन भाव, भाषा, छन्द और बिम्बों को जन्म दिया।

"मंगल भवन अमंगल हारी। द्रबहु सो दशरथ अजिर बिहारी।। रामा हो रामा
महावीर बिनवौ हनुमाना। जासू सूजस प्रभु आप बखाना।। रामा हो रामा
धन्य धन्य गिरिराज कुमारी। तुम समान नहिं कोउ उपकारी।। रामा हो रामा
नाच, तमासा, कीर्त्तन जेते। होखत बा सब जग मँह तेते।। रामा हो रामा
नाबत बानी सब कर माथा। चित देई सुनहु 'बिदेसिया' काथा।। रामा हो रामा
एह किताब के सब विस्तारी। थोरही में सब कहत 'भिखारी'।।" रामा हो रामा

(भिखारी ठाकुर, मंगलाचरण, बिदेसिया नाटक)

इसके गायन में वे प्रत्येक चौपाई के अन्त में 'रामा हो रामा' का टेक लगाकर इसे नया और आकर्षक बना देते थे।

'बिदेसिया' नाटक का आरम्भ करते हुए भिखारी ठाकुर तुलसी के मंगलाचरण गाते हैं–'मंगल भवन अमंगल हारी'। फिर राम, हनुमान और गिरिजा पार्वती की वन्दना करके कहते हैं कि इस संसार में जितने नाच, तमाशा और कीर्त्तन हो रहे हैं, उसी परम्परा में मैं सबको प्रणाम करते हुए 'बिदेसिया' की कथा कहता हूँ। मन लगाकर सुनिये। यह तुलसी के 'रामचरित मानस' के आरम्भ की तरह है–'नाना पुराण निगमागम सम्मतम्'। तुलसी भी कहते हैं–"मैं अपनी ओर से कुछ नहीं कह रहा हूँ, यह वेद-पुराणों में प्रचलित कथाओं के अनुसार है।" भिखारी ठाकुर भी कहते हैं–"नाच-तमाशा एक परम्परा है, मैं उसी को कहता हूँ।" लेकिन भिखारी ने प्रचलित नाच-तमाशों को अपनी अद्भुत कला से खरादकर उसे निखारा और उस पर जन सरोकारों की चासनी चढ़ाकर जनता की चीज बना दिया। जिस समय भिखारी ठाकुर को भोजपुरी का शेक्सपियर, अनगढ़ हीरा, लोकनायक, नाट्य सम्राट आदि कहा जा रहा था, उसी समय सुपरिचित कवि आचार्य जानकी वल्लभ शास्त्री ने कहा कि "भिखारी ठाकुर से जब भेंट हो जायेगी, तब अंग्रेज़ी के महान नाटककार बर्नाड शॉ भी अपनी श्रेष्ठता का डींग हाँकना भूल जायेंगे।" (रामदास राही के आलेख 'संग्रह से प्रकाशन तक : 'रंगयात्रा', अप्रैल, 2014) भोजपुरी क्षेत्र के सपूत और भारत सरकार के तत्कालीन मन्त्री बाबू जगजीवन राम ने कहा था– "जिसे लगता हो उसकी जवानी अब शेष नहीं रही, बुढ़ापा हावी हो रहा है, वह एक बार भिखारी ठाकुर (मण्डली) का नाच (तमाशा) देख ले, उसकी जवानी लौट आयेगी।" (भगवती प्र. द्विवेदी की पुस्तक 'भिखारी ठाकुर: भोजपुरी के भारतेन्दु')

पण्डित और विद्वानों की सम्मतियों को नजरअन्दाज नहीं किया जा सकता। महापण्डित राहुल सांकृत्यायन कहते हैं– "हमनी के बोली में केतना जोर हवे, केतना तेज बा - ई अपने सब भिखारी ठाकुर के नाटक में देखीला। भिखारी ठाकुर हमनी के एगो अनगढ़ हीरा हवें। उनका में कुलि गुने बा...।" (भोजपुरी बरसात, 2005) डॉ. कृष्णदेव उपाध्याय का मन्तव्य है–"जनता की वस्तु को जनता के सामने, जनता के मनोरंजन के लिए प्रस्तुत करके भिखारी ने बड़ी लोकप्रियता प्राप्त की। ...केवल इस एक व्यक्ति ने भोजपुरी का जितना अधिक प्रचार किया, उतना अधिक शायद ही किसी ने किया हो।" (भोजपुरी साहित्य का इतिहास, पृ.–409)। कवि डॉ. केदारनाथ सिंह के अनुसार–"वे (भिखारी ठाकुर) सच्चे अर्थों में लोक कलाकार थे, जो मौखिक परम्परा के भीतर से उभर कर आये थे, पर इनके नाटक और गीत हमें लिखित रूप में उपलब्ध हैं। वे एक लोक-सजग कलाकार थे, इसलिए कोरा मनोरंजन उनका उद्देश्य नहीं था। उनकी हर कृति किसी-न-किसी सामाजिक विकृति

या कुरीति पर चोट करती है और ऐसा करते हुए उनका सबसे धारदार हथियार होता है - व्यंग्य।" ('नयी कविता के मंच पर भिखारी ठाकुर', दैनिक हिन्दुस्तान', 5 नव. 2002) भोजपुरी और अंग्रेज़ी के विद्वान प्राचार्य मनोरंजन प्रसाद सिन्हा ने भिखारी ठाकुर को 'भोजपुरी का शेक्सपियर' कहा था।

छूरा छुटल, कैंची छुटल, छूटल नोहरनिया

बिहार के भोजपुर, शाहाबाद, आरा, छपरा, गोपालगंज क्षेत्र की जिस उर्वर भूमि ने देश के प्रथम राष्ट्रपति डॉ. राजेन्द्र प्रसाद, सम्पूर्ण क्रान्ति के जनक जयप्रकाश नारायण, सुपरिचित स्वतन्त्रता सेनानी और राजनेता बाबू जगजीवन राम और अमर संगीतकार चित्रगुप्त को पैदा किया, उसी भूमि ने भोजपुरी के 'शेक्सपियर' और 'अनगढ़ हीरा' भिखारी ठाकुर को पैदा किया। भिखारी ठाकुर का जन्म 18 दिसम्बर 1887 को बिहार के सारण (छपरा) जिले में कुतुबपुर, कोटवापट्टी, रामपुर गाँव के एक निर्धन नाई परिवार में हुआ था। यह गाँव राजेन्द्र बाबू के गाँव जीरादेई, जेपी के गाँव सिताब दियारा और जगजीवन बाबू के गाँव चाँदवा (आरा) से अधिक दूर नहीं है। भिखारी के पिता का नाम दलसिंगार ठाकुर और माता का नाम शिवकलि देवी था। माता-पिता की रोजी-रोटी का साधन पुश्तैनी पेशा नाईगीरी ही था। बचपन से युवाकाल तक इन्हें भी वही कुछ करना पड़ता था–लोगों के दाढ़ी-बाल काटना, उनके रिश्तेदारों के यहाँ ख़बर-संवाद एवं नेवता आदि पहुँचाना। बचपन में वे गाय भी चराया करते थे। भिखारी ठाकुर ने अपनी रचनाओं में अपने जन्म, जीवन और गाँव-समाज का खुद ही परिचय दिया है। इसीलिए उनकी जीवनी की प्रामाणिकता में शक की कोई गुँजाइश नहीं रह जाती। भिखारी ठाकुर लिखते हैं- "सम्वत् 1944 शाके 1809 तदनुसार 1295 फसली तथा सन् 1887 ई. पौस मास शुक्ल पंचमी सोमार को 12 बजे दिन में मेरा जन्म हुआ। आठ वर्ष की उमर नहोशी में बीता। नव वर्ष से जीवन चरित आरम्भ कर रहा हूँ। जब मैं एकावन वर्ष का हुआ, तब जीवन चरित का रचना किया, अब प्रेस में छपवाता हूँ।

"बारह सौ पंचानवे जहिया। सुदी पूस पंचमी रहे तहिया।।
रोज सोमबार ठीक दुपहरिया। जनम भईल ओही घरिया।।"

(भिखारी ठाकुर रचनावली, बिहार राष्ट्रभाषा परिषद्, पटना)

भिखारी ठाकुर ने थोड़े ही शब्दों में अपना पूरा जीवन-संघर्ष चित्रित कर डाला है। भोजपुरी कविता में लिखी गयी यह जीवनी काफ़ी सहज और सरल भाषा में लिखी गयी है, जिसे हिन्दी पाठकों को समझने में कोई कठिनाई नहीं होगी। फिर भी

इसके अर्थ दे दिये गये हैं।

"नौ बरस के जब हम भइली। बिद्या पढ़न पाट पर गइलीं।।
वर्ष एक तक जबदल मति। लिखे ना आइल रामागति।।
मन में विद्या तनिक न भावत। कुछ दिन फिरली गाइ चरावत।।
गइया चार रहीं घर माहीं। तेहि के नित चरावन जाहीं।।
जब कुछ लगलीं माथ कमावे। तब लागल विद्या मन भावे।।
माथ कमाई नेवतीं चिट्टी। विद्या में लागल रहे दिठी।।
बनिया गुरु नाम भगवाना। ऊहे ककहरा साथ पढ़ाना।।
अल्पकाल में लिखे लगलीं। तेकरा बाद खड़गपुर भगलीं।।
ललसा रहे जे बहरा जाई। छुरा चलाके दाम कमाई।।
गइलीं मेदनीपुर के जिला। ओहिजे कुछ देखलीं रमलीला।।
ठाकुरद्वारा वहाँ से गइलीं। चनन तलाब समुद्र नहइलीं।।
दर्शन करि डेरा पर आई। खोलि पोथि देखली चौपाई।।
फुलवारी के जगह बुझाइल। तुलसी कृत में मन लपटाइल।।
घर पर आके लगलीं रहे। गीत-कवित्त कतहूँ केहू कहे।।
अर्थ पुछि-पुछि के सीखीं। दोहा छन्द निज अक्षर लिखीं।।
सादी-गवना रहुए भइल। लिखे में पहिले भोर पर गइल।।
साधु पंडित के ढिग जाहीं। सुनी श्लोक घोखी मन माहीं।।
निजपुर में करिके रमलीला। नाच के तब बन्धलीं सिलसिला।।
तीस बरिस के उमिर भइल। बेधलस कुछ कालिकाल के मइल।।
नाच मण्डली के धरि साथ। लेक्चर दिहीं जय कहिं रघुनाथ।।
बरजत रहलन बाप-महतारी। नाच में तूँ मत रहऽ भिखारी।।
चुपे भाग के नाच में जाई। बात बनाके दाम कमाईं।।" –(वही)

वे लिखते हैं कि नौ वर्ष की उम्र में वे विद्या पढ़ने स्कूल पर गये। पर एक साल तक पढने पर भी 'रामागति' या ककहरा लिखने नहीं आया। उन दिनों वर्णमाला पढ़ाने से पहले 'रामागति, देहु सुमति' लिखना सिखाया जाता था। यह विद्यारम्भ का 'मंगलाचरण' था। प्रो. साधुशरण सिंह के अनुसार उनके बचपन का नाम 'मनजउरवी ठाकुर' था। पर इसका कोई और प्रमाण नहीं मिलता। पिता ने स्कूल में दाखिला तो करा दिया, पर जब एक वर्ष तक पढ़ने के बाद भी भिखारी ठाकुर को कुछ नहीं आया, तो उनका मन पढ़ाई से उचट गया। इसीलिए पढ़ाई छोड़कर उन्होंने गाय चराना शुरू किया। उनके पास चार गायें थीं। फिर अपना पुश्तैनी पेशा माथ कमाना

(दाढ़ी-बाल काटना) यजमानों की रिश्तेदारी में चिट्टी-पत्री और नेवता ले जाना शुरू किया। तब उन्हें शिक्षा के प्रति जिज्ञासा जगी। चिट्टी-पत्री पढ़ने में दिक्कत होती थी। उनके एक साथी भगवान साह बनिया ने उन्हें पढ़ना-लिखना सिखा दिया। उन्होंने चिट्टी-पत्री पढ़ना-लिखना जान लिया। अब यजमानों के यहाँ नेवता (चिट्टी-पत्री) ले जाने में उन्हें सहूलियत होने लगी। वे रोजी-रोटी के लिए जी-जान से अपनी यजमानी और हजामत का काम करने लगे। किन्तु ध्यान पढ़ाई में ही लगा रहता था। उन्होंने स्वाध्याय से कैथी और बाद में देवनागरी लिपि में भी पढ़ना-लिखना सीख लिया। कुछ ही दिनों में वे पढने-लिखने में पारंगत हो गये। वे अपने गीत और नाटक प्राय: कैथी लिपि में ही लिखते थे। बाद में पुस्तिका छपाने के लिए उन्हें देवनागरी में लिखवाया। किन्तु पुश्तैनी पेशे में पिता का हाथ बँटाने पर भी अभावों का जीवन और हजाम होने का अपमान-बोध पीछा नहीं छोड़ता था। इस अपमान और ग़रीबी की पीड़ा से मुक्ति कब मिलेगी? भिखारी को पग-पग पर अपमान का सामना करना पड़ता। मरण-श्राद्ध आदि के समय पिता के साथ यजमानो की छोड़ी धोती (कफन के बचे कपड़े का टुकड़ा) धोकर सुखाना। फिर उस छाड़न को घर ले जाकर पहनना, गाँव-गाँव घूमकर यज्ञादि की ख़बर पहुँचाना, दाढ़ी-बाल काटना आदि में ही उनके बचपन का बहुत भाग बीत गया। भिखारी ठाकुर गोरे बदन के सुन्दर बालक थे। भिखारी ठाकुर में कला-चेतना भी छुटपन से ही थी। बचपन से ही वे बच्चों के बीच मधुर स्वर में गाते-गुनगुनाते, चुहल और स्वांग करते थे।

"कहते हैं कि एक रोज किसी बाबू साहेब की दाढ़ी बनाने के बीच ही उन्होंने गुनगुनाना शुरू कर दिया और उनके गाल पर ही ताल ठोकने लगे। बाबू साहेब आग-बबूला हो गये और उन्होंने भिखारी ठाकुर को खूब डाँटा-फटकारा। उसी वक्त भिखारी ठाकुर ने इस धन्धे को आखिरी सलाम कर जीवन में फिर कभी किसी की हजामत न बनाने की कसम खा ली।

छूरा छुटल, कैंची छुटल, छूटल नोहरनिया।
बाबू लोग के हजामत छुटल, नाच के करनिया। लगनिया...।।"

(भगवती प्रसाद द्विवेदी, भोजपुरी के भारतेन्दु: भिखारी ठाकुर, पृ.-26)

किन्तु इस बात में अधिक सच्चाई नहीं दिखायी पड़ती। क्योंकि वे गाँव छोड़कर जब खड़गपुर (कलकत्ता) गये, तो वहाँ भी हजामत करके ही गुजारा किया। वे आर्थिक कारण से बाहर गये। उन्होंने साफ-साफ लिखा है–

"ललसा रहे जे बहरा जाई। छुरा चलाकर दाम कमाई।"

उनका उद्देश्य अपनी कला का विकास करना नहीं था। शादी बचपन में ही

हो चुकी थी, परिवार के भरण-पोषण के लिए उन्हें जी-तोड़ मेहनत करनी पड़ती थी। किन्तु पुश्तैनी पेशे से घर चलाना मुश्किल था। भिखारी ठाकुर को एक लड़का भी हो गया था। इसीलिए दायित्व और बढ़ गया था। इसी बीच 1914 का भीषण अकाल पड़ा। भिखारी ठाकुर अपनी छूरा-कैंची के सहारे ही जीवन यापन के लिए कलकत्ता चल पड़े। खड़गपुर में उनके कुछ रिश्तेदार रहते थे। सोचा वहीं जाकर कुछ कमा-धमा कर गुजरा करूँगा और घर पर रुपये भेजूँगा। पर वहाँ उनका मन नहीं लगा। खड़गपुर, मेदिनीपुर, कलकत्ता, जगन्नाथपुरी आदि स्थानों से घूमघाम कर घर लौट आये। जीवन का कड़ा अनुभव हो चुका था। उनके नाटक और गीतों में जीवन का यही कटु-मधु अनुभव और जीवन यथार्थ बोलता है।

मेदिनीपुर (कलकत्ता) में उन दिनों 'रामलीला' और कृष्ण 'रासलीला' का 'यात्रा' नाटक हो रहा था। वे प्रतिदिन रात में रामलीला देखते थे। ऐसा नहीं था कि उन्होंने रामलीला नहीं देखी थी, आस-पास के गाँवों में शादी-विवाह, उत्सव-त्योहार के अवसर पर नाच-गाने, भजन-कीर्त्तन, रामलीला आदि होते ही रहते थे।। किन्तु मेदिनीपुर की रामलीला ने उन्हें इतना प्रभावित किया कि उन्होंने तुलसीकृत रामायण (रामचरित मानस) खरीद ली और उसी का पारायण करने लगे। उनका मन रामकथा और उसके अभिनय और गायन में रम गया। यही कारण है कि उनके नाटकों में रामायण के दोहे-चौपाई के अलावे 'मानस शैली' के पद भी मिलते हैं। इसी प्रभाव में वे जगन्नाथपुरी गये, वहाँ समुद्र में स्नान करके जगन्नाथ भगवान के दर्शन किये और डेरा में लौटकर तुलसीकृत रामायण का फुलवारी-प्रसंग और राम विवाह पढ़ा। रामलीला देखने के बाद उनके बचपन की कला उनके मन में हिलोरें मारने लगी। उनके मन में सवाल उठा कि क्यों नहीं रामलीला और नौटंकी पार्टी की तरह कोई नाच पार्टी खड़ी की जाये, जिससे अधिक कमाई हो? उस समय उनकी उम्र 28-29 वर्ष की हो चुकी थी। किसी काम के प्रति भावात्मक लगाव से ही उसमें सफलता मिलती है। भिखारी के मन की रागात्मक चेतना जग चुकी थी।

इसीलिए वे अपने गाँव लौट आये और एक नाच पार्टी खोलने की जुगत में लग गये। लेकिन इसके लिए धन की ज़रूरत थी। रूप-रंग तो अच्छा था ही उनका स्वर भी बहुत अच्छा था। इसलिए कला और संगीत पर उनकी पकड़ मजबूत होती चली गयी। वे गाँव में ही नाटक और रामलीला आदि का रोचक आयोजन करने लगे। उनके साथी कलाकार और कलाप्रेमियों में रामानन्द सिंह, बाबूलाल आदि प्रसिद्ध थे। कहा जाता है कि वरीय साथी बाबूलाल उनके दूर के रिश्तेदार थे और कलकत्ता में अपना पेशा करते हुए 'नाच पार्टी' में भी काम करते थे। उनके छोटे भाई महेन्द्र ठाकुर भी

उन्हीं के साथ काम करते थे। भिखारी ठाकुर ने कलकत्ते में उनका 'डोमकच' नाच देखा था। कुछ दिनों तक वे दोनों वहाँ साथ रहे। जब भिखारी ठाकुर गाँव लौटे, तो कुछ दिनों के बाद बाबूलाल भी अपने भाई महेन्द्र ठाकुर के साथ गाँव लौट आये। रामानन्द सिंह और बाबूलाल उनके सहयोगी बने। वे इधर-उधर भजन-कीर्त्तन और रामलीला आदि करते थे। किन्तु वह तो मुफ़्त का काम था। उसमें कोई ऐसी आमदनी न थी, जिससे किसी की रोजी-रोटी चले। कड़ी मेहनत और अथक संघर्ष से उन्होंने 30 वर्ष की उम्र में वर्ष 1917 में एक नाच मण्डली खड़ी कर ली। थोड़े ही दिनों में उनका नाच मशहूर भी हो गया।

शुरू में भिखारी ठाकुर को अपनी नाच मण्डली के कारण कड़े पारिवारिक और सामाजिक विरोधों का सामना करना पड़ा, खुद उनके माता-पिता ही नाच में जाने से रोकते थे। उनके नाटक और स्वांग सामाजिक कुरीतियों और बुराइयों पर आधारित होते थे। बाल विवाह, विधवा जीवन, वेश्या समस्या, ग़रीबी के कारण बेटी बेचना, छुआछूत आदि आम जीवन की अनेक सामाजिक समस्याएँ थीं, जिन पर भिखारी ठाकुर गीत और नाटक लिखते और प्रदर्शित करते थे। कट्टरपंथियों और तथाकथित बड़े लोगों को उनका यह कार्य पसन्द नहीं था। इसलिए उनका कड़ा विरोध हुआ। कहीं-कहीं तो उनके तम्बू तक तोड़ दिये गये और मण्डली के कलाकारों को मारा-पीटा गया। कलकत्ते में नाटक मण्डली की यात्रा के दौरान स्वतन्त्रता आन्दोलन में बम गिरने से उनका एक प्रिय कलाकार छबीला राम (कुम्हार, सरैया, सारण) मारा गया। आशंका थी कि धनबाद में एक ठेकेदार द्वारा लवण्डा नाच और स्त्री-पाठ करनेवाले छबीला पर मोहित होने और पार्टी के कलकत्ता चले जाने की प्रतिक्रिया में आन्दोलन की आड़ लेकर उसी मनचले ठेकेदार दर्शन सिंह ने बम चलवाकर उसे मरवा दिया था। शुरू में तथाकथित सम्भ्रान्त लोग भिखारी ठाकुर का तमाशा नहीं देखते थे। वे उसे 'भिखरिया का नाच' कहते थे। अपने बाल-बच्चों को भी वे नाच में जाने से मना करते थे।

किन्तु गायन-वादन कला और नाटकों की प्रस्तुति ऐसी थी कि विरोधों के बावजूद भिखारी ठाकुर के नाटकों की धूम मच गयी। उनके नाटक और नाचों को देखने दूर-दराज के लोग भी आने लगे। गीत-संगीत, नाच, मनोरंजन के बीच सामाजिक समस्याओं पर एक से बढ़कर एक मार्मिक और हृदय विदारक दृश्य देखकर लोग अभिभूत हो जाते। उनकी आँखों में आँसू आ जाते। पहले वे खूब हँसाते, फिर नाटक के अन्त होते-होते दर्शक रोने लगते। भिखारी ठाकुर की नाच-मण्डली सट्टा पर शादी-विवाह, यज्ञ-त्योहारों में जाने लगी। ख़ूब पैसे आने लगे। अब भिखारी ठाकुर

की नाच पार्टी को बुलाना साधारण लोगों के वश का काम नहीं रहा। उनके सट्टों की कीमत बढ़ती ही गयी। दूर-दूर से बुलाबा आने लगा। इस प्रकार भिखारी ठाकुर की नाच मण्डली प्रसिद्ध हो गयी।

कहते हैं उस सस्ती के जमाने में भिखारी ठाकुर ने लाखों रुपये कमाये। उस वक्त वे 500-600 रुपये प्रति रात लेते थे, जबकि सोना मात्र 150 रुपये भरी (प्रति दस ग्राम) था। बाद में उनके साटे की कीमत 2500 रुपये से 5000 रुपये तक पहुँच गयी। पर इतनी कमाई के बावजूद उनका मिट्टी का खपरैल मकान और परिवार की दीन-हीन दशा हैरत में डाल देती है। आज भी उनका पुश्तैनी मकान वैसा ही है। इसका कारण है उनकी दयालुता और सहृदयता, जिसके कारण कोई भी ज़रूरतमंद आदमी उनके दरवाजे से खाली हाथ नहीं लौटता था। उन्होंने खुले हाथों ग़रीबों और ज़रूरतमंदो को दान किया। उन्होंने अपनी कला में ग़रीबी, छुआछूत, भेदभाव, ऊँच-नीच, स्त्री और दलितों की दयनीय स्थिति आदि का चित्रण कर लोकजागरण और समाजसुधार का काम किया। यह सांस्कृतिक और सामाजिक 'नवजागरण' था।

पुरखा पद के कर प्रणाम

भिखारी ठाकुर ने अपनी रचनाओं में खुद ही अपनी जीवनी लिख डाली है। उनके पूर्वज नदी के कटाव के कारण शाहाबाद जिले के एक गाँव से आकर छपरा (सारण) जिले के गंगा किनारे के एक गाँव कुतुबपुर दियारा में बस गये। दोनों जिले की सीमा मिलती है। यहीं पर उनका जन्म हुआ था। भिखारी लिखते हैं:–

"पहिले बास रहल भोजपुर में, मौजे अरथू अवारी।
पुरखा पाँच बसलन शंकरपुर, जानत बा नर-नारी।
क्षत्री, यादव, नाई, गोंड, कुल, सनमत रहुवे भारी।
एक दुसाध चार घर मिलिकर, कइलन खेती-बारी।
यही पाँच में हिस्सा बरोबर, मंगरू, बहोर, भिखारी।
मालिक का मलिकान से अब, होई गइलन सरकारी"

अर्थात् पहले हमलोगों का भोजपुर जिला के मौजे अरथू अवारी में बास था। फिर नदी के कटाव के कारण क्षत्री, यादव, नाई, गोंड और दुसाध पाँच जाति के पुरखा (पूर्वज) शंकरपुर में आकर बसे। सबने एक ही साथ खेती-बारी शुरू की। सभी लोगों में मेलजोल था। सबमें बराबर हिस्सा बँटता था। फिर आगे वही लोग कुतुबपुर आये। ज़मींदारी प्रथा खत्म हो गयी। मालिक का मलिकान जाता रहा। सब कुछ सरकारी हो गया। फिर कालान्तर में लोग अलग हो गये। भिखारी ने इसमें अपने एक चचेरे भाई मंगरू और दो अपने भाई बहोर और खुद भिखारी के प्रतीक से पटीदारी और बँटवारे का संकेत दिया है। भिखारी अपने पुरखों का वर्णन करते हैं:–

"पुरखा पद के कर प्रणाम। लिखत बानी श्रेष्ठ के नाम।।
श्री गुमान सुत रमई नाई। ता सुत दलसिंगार कहलाई।।
ताके सुत भिखारी मोर नामा। कुतुबपुर में करत मोकामा।।
तेकर भईल शिलानाथ। जाति क सभा में नावत माथ।"

(भिखारी ठाकुर रचनावली, पृष्ठ-314)

उनके परदादा का नाम गुमान ठाकुर और दादा का नाम रमई ठाकुर था। उनके दो पुत्र हुए–दलसिंगार ठाकुर और मेघवरण ठाकुर। मेघवरण ठाकुर को एक बेटा हुआ-मंगरू ठाकुर। बाद में यह पीढ़ी नावल्द हो गयी। भिखारी ठाकुर को अपने चाचा मेघवरण ठाकुर से बहुत लगाव था। रामदास राही के अनुसार भिखारी ठाकुर के पिता दलसिंगार ठाकुर के दो पुत्र हुए और छह पुत्रियाँ। सबसे बड़ी पुत्री ही थी, जिसका नाम रामेश्वरा था, जो राही जी की परदादी थीं। उसके बाद दो पुत्र हुए-भिखारी ठाकुर और बहोर ठाकुर। फिर पाँच पुत्रियाँ हुईं। लेकिन खुद भिखारी ठाकुर लिखते हैं कि "हम दू भाई आ पाँच बहिन रहीं। अबहीं हम दूनो भाई मौजूद बानी, एक साथ में। बहिन लोग के शादी हो गइल रहे और उ लोग मर गइल।" (लोककला पर शोध करनेवाली डॉ. उषा वर्मा को उनके पत्र के जबाव में दिनांक: 04.02.1968 को लिखा गया भिखारी ठाकुर का पत्र, भिखारी ठाकुर : स्मृतियों के फलक पर' सं.-हरिवंश, पृ.-50) इस प्रकार भिखारी ठाकुर दो भाई और पाँच बहन थे।

भिखारी के एकमात्र पुत्र शिलानाथ ठाकुर की नाच-गान में कोई रुचि नहीं थी। शिलानाथ ठाकुर के तीन बेटे हुए–राजेन्द्र ठाकुर, हीरालाल और दिनकर ठाकुर और एक तेतरी बेटी हुई। उसका नाम भी तेतरी या तेतरा पड़ा। शादी हुई, फिर बाल-बच्चे। भिखारी ठाकुर ने अपने भतीजे गौरीशंकर ठाकुर को भी नाच में रख लिया था। किन्तु जब भिखारी थक गये, तो उनके जीवन के अन्तिम 5-6 वर्षों में गौरीशंकर ठाकुर ही भिखारी ठाकुर के नाच को चलाने लगे। इस परम्परा का निर्वाह भिखारी ठाकुर के ख़ास पोते- राजेन्द्र ठाकुर, दिनकर ठाकुर और उनके रिश्तेदार शत्रुघ्न ठाकुर ने भी किया। वे सभी भिखारी ठाकुर की तरह तमाशा के साथ गीत भी खुद ही लिखते थे। शत्रुघ्न ठाकुर के लिखे और दिनकर ठाकुर के गाये गीत–'भोजपुरी में मालिक जी महानमा ये लोगे, जानेला जहनमा ना' आज भी लोकप्रिय है।

भिखारी ठाकुर की शादी और बच्चे

भिखारी ठाकुर की तीन शादियाँ हुईं। कलकत्ता के अपने 1965 वाले इन्टरव्यू में उन्होंने कहा है–"मेरा प्रथम विवाह मानपुरा, आरा के स्वर्गीय देवशरण ठाकुर की लड़की से हुआ। उसके निधन के बाद दूसरा विवाह आमडाढ़ी, छपरा में हुआ। उसका गंगालाभ होने के बाद तीसरा विवाह हुआ, उसकी भी मृत्यु...।" तीसरी पत्नी का नाम 'मनतूरना देवी' था। उन्हीं से उनका वंश चला। शिलानाथ उन्हीं के बेटे थे। उनका जन्म 1911 में हुआ।

लेकिन रामदास 'राही' लिखते हैं कि "उनका पहला विवाह बालपन में ही छपरा जिला के 'आमडारी गाँव' में हुआ था। कुछ दिनों के बाद पत्नी की मृत्यु हो गयी। इसके एक-दो साल बाद उनकी दूसरी शादी आरा जिला के 'मानपुर कड़ाड़ी गाँव' में हुई। दो साल बाद उनकी भी मृत्यु हो गयी। उसके बाद उनकी तीसरी शादी उनकी माँ शिवकली देवी के प्रयास से उनके नैहर (भिखारी के ममहर) आरा जिला के भदया गाँव के बगल के गाँव 'मनपुरा' में हुई। इसी शादी से घर-गृहस्थी बसी और वंश चला। पहली सन्तान के रूप में पुत्र-रत्न की प्राप्ति हुई, नाम पड़ा- केदार। लेकिन केदार साल-भर बाद ही गुजर गये" (भोजपुरी पुस्तक 'भिखारी ठाकुर कुतुबपुर से कुतुबपुर', पृष्ठ-42-43) इस प्रकार तीन विवाह तो प्रामाणिक है। दो विवाहों में स्थान-भेद है, पर तीसरा विवाह निर्विवाद है। प्रथम दो विवाहों के स्थान के सम्बन्ध में भिखारी ठाकुर के साक्षात्कार को प्रामाण माना जा सकता है और तीसरे विवाह के बारे में 'राही' जी का वर्णन सही लगता है। भिखारी ठाकुर की पत्नियों की उम्र और सन्तान को लेकर भी कुछ मतभेद है।

राही जी के अनुसार भिखारी ठाकुर के दो पुत्र और एक पुत्री हुईं। बड़ा पुत्र केदार साल-भर के बाद ही मर गया। दूसरा पुत्र शिलानाथ ठाकुर हुए। शिलानाथ से बड़ी एक बेटी हुई–सोनिया। सोनिया का विवाह आरा जिला के पिपरपांती गाँव में सरयुग ठाकुर से हुआ था। यह शादी 1920 में हुई थी। लेकिन 'सूत्रधार' के लेखक संजीव और 'भिखारी ठाकुर जीवन और सृजन' पुस्तक के लेखक अशोक कुमार सिन्हा लिखते हैं कि बचपन में ही भिखारी की शादी एक पाँच साल की लड़की से हो गयी। इस बीच भिखारी ने अपने बनिया गुरु भगवान साह से पढ़ना-लिखना सीख लिया। विवाहित और किशोर भिखारी के मन में प्रेम के अंकुर फूटने लगे। गाय चरवाही के दौरान उसने बालू की रेत पर लकड़ी से लिखा-'दुलहिन'। तभी उनके घर से ख़बर आयी कि नैहर में उनकी पत्नी का देहान्त हो गया। भिखारी 13 वर्ष के हो गये थे। उन दिनों हैजा और प्लेग फैला हुआ था। इन्हीं किसी बीमारी से पत्नी का निधन हो गया। अभी गौना भी नहीं हुआ था। उन दिनों बाल-विवाह होता था और शादी के समय पत्नी की बिदागरी नहीं होती थी, अथवा होती भी थी, तो तुरत विदा होकर अपने माँ-बाप के पास नैहर चली जाती थी। फिर बड़ी होने पर छह महीने, सवा साल, ढ़ाई साल या पाँच साल में गौना होता था और वह अपने पति के घर आती थी। बालक भिखारी को बड़ा दुख हुआ। यह घटना 1900 की है। पर साल-भर बाद भिखारी की दूसरी शादी 'आमडाढ़' वाली लड़की से कर दी गयी। "कनिया जब घर में आयी, तो सबको लगा कि कनिया भिखारी से बड़ी उम्र की है।

लोग कहने लगे कि भिखारी की कनिया भिखारी को हाथ पर रखेगी। तीन वर्ष बाद वर्ष 1904 में भिखारी का गौना हुआ और कनिया घर में आ गयी। भिखारी का मन प्रेममग्न हो गया। उनकी कनिया गर्भवती हो गयी। लड़का पैदा हुआ।"

इसी बीच गाँव के मोहन बिन्द (मल्लाह) कहीं से एक शिव-लिंग उठाकर ले आये। भिखारी के वरीय साथी रामानन्द सिंह ने तय किया कि गाँव में कोई मन्दिर नहीं है। शिव मन्दिर की स्थापना होगी। ईंट-पत्थर का जुगाड़ करके एक मन्दिर बनाया गया और उसमें शिव लिंग की स्थापना हो गयी। इसमें भिखारी ठाकुर ने खुलकर भाग लिया। उन्होंने मधुर स्वर में भजन भी गाये। रामानन्द सिंह तो उदार प्रकृति के थे। वे छुआछूत नहीं मानते थे। पर मन्दिर की स्थापना में दलित-पिछड़ों के भाग लेने से लोगों के मन में अनिष्ट की आशंका होने लगी। मन्दिर की स्थापना के बाद भिखारी की कनिया और उसका लड़का दोनों बीमार पड़ गये। परिजनों के मन में प्रवेश कर गया कि शिवजी नाराज हो गये हैं। भिखारी के मन में भी अपराध-बोध सा हुआ। पहले तो घर में ही इलाज हुआ, फिर पियनिया गाँव के 'सती मैया के चौरा' पर बहू और बच्चे को ले जाया गया। पर उनको बचाया नहीं जा सका। कनिया और बच्चा दोनों चल बसे। भिखारी का मन उदास हो गया। उनका मन गाँव के बाबू लोगों की जी-हुजूरी से भी खिन्न हो गया था।

इसीलिए उनका मन गाँव से उचट गया। उन्होंने गाँव छोड़ दिया और छूरा-कैंची-लोखर लेकर गंगा उस पार के दलित-पिछड़ा बहुल गाँव फपनपुर चले आये। भिखारी का आधा परिवार फपनपुर में रहने लगा और आधा कुतुबपुर में। फपनपुर के यादव, बिन्द, कानू और दलित-अल्पसंख्यक समाज ने भिखारी ठाकुर का जोरदार स्वागत किया, क्योंकि उस इलाके के गाँवों में नाई का एक भी घर नहीं था। अब उनके क्षौर-कर्म के काम पूरा होने लगे। उन्हें दाढ़ी-बाल कटवाने दूर-दराज के गाँव और छपरा शहर जाने के झंझट से छुटकारा मिल गया। किन्तु शादी-विवाह, यज्ञ-अनुष्ठान में औरतों के नख आदि काटने के लिए नाऊन की ज़रूरत थी। लोगों ने दबाव बनाया कि भिखारी की उम्र अधिक नहीं है। भिखारी शादी कर ले। लड़की की खोज होने लगी। आरा जिला के मानपुर (मनपुरा) गाँव में एक लड़की थी-मनतोरनी। पुत्र की आश में कई लड़कियों के बाद भी वह लड़की ही हुई थी। माता-पिता का मन टूट गया था। इसीलिए इसका नाम 'मनतोरनी' या मनतोरना रख दिया था। लड़की सयानी हो चुकी थी।

फपनपुर में बसे भिखारी ठाकुर की तीसरी शादी इसी मनतोरनी या मनतोरना से कर दी गयी। भिखारी के पहली सन्तान बेटी हुई–सोनिया। भिखारी का मन फिर

छोटा हो गया। इसी बीच रामानन्द सिंह भैंस खरीदकर फपनपुर गाँव के रास्ते लौट रहे थे। राही जी लिखते हैं कि रामानन्द सिंह किसी मेला से बैल खरीदकर लौट रहे थे। उन्होंने भिखारी ठाकुर के यहाँ रात्रि विश्राम किया। रात में भिखारी ने उन्हें अपने बेटी होने का दुख सुनाया। रामानन्द सिंह ने समझाया कि बेटा-बेटी में भेद नहीं है। इसके बाद ज़रूर बेटा होगा और उसका नाम शिलानाथ रखना। सिंह जी ने भिखारी से अपने गाँव लौट चलने का बड़ा आग्रह किया। लेकिन भिखारी नहीं लौटे। रामानन्द सिंह की बात सच निकली और दो साल बाद वर्ष 1911 में भिखारी के एक लड़का हुआ। नाम पड़ा–वही शिलानाथ। भिखारी ठाकुर की जिन्दगी में बहार आ गयी। एक बार लड़का बीमार पड़ा। भिखारी ठाकुर बेचैन हो गये। फिर से पियनिया गाँव के सती मैया के चौरा पर पत्नी और बच्चे को ले गये। इस बार बच्चा ठीक हो गया। तभी से भिखारी ठाकुर के मन में देवी मैया भवानी के प्रति आस्था मजबूत हो गयी। अब उन्हें विश्वास हो गया कि शिव संहार के नहीं, कल्याण के देवता हैं। अब भिखारी ख़ुशी से जीवन व्यतीत करने लगे। भिखारी ठाकुर को एक और लड़का हुआ था-केदार। कोई-कोई कहता है कि भिखारी ठाकुर की दूसरी पत्नी से उत्पन्न लड़का ही केदार था। कोई कहता है उनकी तीसरी पत्नी से उत्पन्न दूसरी या तीसरी सन्तान केदार था। सच्चाई जो भी हो, किन्तु यह सच है कि भिखारी ठाकुर को एक दूसरा लड़का भी हुआ था, जो साल-भर का होकर मर गया।

इसी बीच 1914 का भीषण अकाल पड़ा। भिखारी सोचने लगे जीवन कैसे कटेगा? इस यजमानी से तो फपनपुर और कुतुबपुर के दोनों परिवारों का भरण-पोषण होनेवाला नहीं। इसीलिए वे पैसा कमाने बाहर जाने की जुगत में लग गये। बेटे शिलानाथ की बीमारी के बाद से ही पत्नी फपनपुर छोड़ने को कह रही थी। पर वे सोचते कुतुबपुर में क्या रखा हुआ है? वहाँ तो और अभाव है। इसीलिए वे फपनपुर छोड़ना नहीं चाहते थे। लेकिन इस अकाल ने भिखारी ठाकुर को विवश कर दिया। वे फपनपुर से अपने घर कुतुबपुर आ गये और छूरा-कैंची पर सान (धार) दिलवाने के बहाने छपरा आये और वहीं से चुपके से कलकत्ता (खड़गपुर) चले गये। वहाँ दो-तीन वर्षों की कमाई और जीवन अनुभव लेकर वर्ष 1917 में वे पुनः गाँव लौट आये। अशोक कु. सिन्हा के अनुसार–"17 सितम्बर 1917 को पटना आकर स्टीमर से भिखारी बबुरा पहुँचे," फिर कुतुबपुर। पर कुछ अन्य स्रोत बताते हैं कि भिखारी ठाकुर 1917 के आरम्भिक महीने में ही अपने गाँव पहुँच चुके थे। गाँव पर ही रामलीला और नाच की योजना बनती रही। तुरत ही सफलता भी मिल गयी। इस सफलता में सहायक बने प्रिय मित्र रामानन्द सिंह और कलकत्ते से लौटे उनके दूर

के सम्बन्धी बाबूलाल। रामलीला का अड्डा बना रामानन्द सिंह का दरवाज़ा और नाच का अड्डा चन्दनपुर में बाबूलाल का दालान। नाच का 'साटा' चलने लगा।

घर-परिवार और वंशावली

भिखारी ठाकुर ने 'राधेश्याम बहार' नामक पुस्तक में अपनी वंशावली का पूरा ब्यौरा दिया है। उन्होंने अपने ज्ञात वंश की प्रथम जड़ सुफल ठाकुर से लेकर लगभग 25 पीढ़ियों का वर्णन किया है। सबका वर्णन यहाँ अपेक्षित नहीं है। कुछ प्रमुख लोगों के नाम दिये जा रहे हैं। ऊपर वर्णित वंशावली के अलावा भिखारी ठाकुर के छोटे भाई "बहोर ठाकुर के दो बेटे-गौरीशंकर ठाकुर और रघुवर ठाकुर। रघुवर ठाकुर का एक बेटा-साधु ठाकुर। गौरीशंकर ठाकुर के तीन बेटे–मुनेश्वर ठाकुर, वेदप्रकाश ठाकुर और मनोज ठाकुर" (भिखारी रचनावली, पृ.–314) साधु ठाकुर के तीन बेटे-जितेन्द्र, प्रेमधर और विजय। मनोज ठाकुर मुम्बई में एक प्राइवेट कम्पनी में नौकरी करते हैं। बाकी लोग घर पर ही रहते हैं। कुतुबपुर के पैतृक घर में भिखारी ठाकुर के पिता और उनके चाचा और कुछ अन्य पट्टीदारों के ही परिवार रहे। उनकी लम्बी वंशावली के बाकी लोगों में कुछ लोग धोबहा और कुछ लोग कायम नगर में बस गये। इस वंश के अधिकांश लोग अपना जातीय पेशा नाईगीरी (हजामत) ही करते हैं।

भिखारी के पोते पढ़े-लिखे थे। भिखारी ठाकुर के नाच और कला से प्रभावित होकर छपरा के अंग्रेज़ स्टेशन मास्टर ने सिफारिश करके उनके दो पोते राजेन्द्र ठाकुर और हीरालाल ठाकुर को रेलवे में नौकरी लगवा दी। इसमें तत्कालीन रेलमन्त्री बाबू जगजीवन राम की भी कृपा थी। राजेन्द्र ठाकुर के केवल दो बेटी ही हुईं–चिन्ता (अब स्वर्गीय) और गीता। हीरालाल ठाकुर के दो बेटे-राकेश ठाकुर और रवि कुमार हैं। उनको तीन बेटियाँ भी हुईं–सावित्री, माला और पूजा। राकेश ठाकुर सरकारी स्कूल में शिक्षक हैं। राजेन्द्र ठाकुर नौकरी करते हुए भी कला से जुड़े रहे। भिखारी ठाकुर के तीसरे पोते दिनकर ठाकुर नाच, गान और कविता में निपुण थे। किन्तु वे 1985 में जवानी में ही (केवल 28 वर्ष की उम्र में) गुजर गये। उनका एकमात्र बेटा, भिखारी के ख़ास परपोते सुशील कुमार जितने सुन्दर और सुशील हैं, उतने ही पढ़े-लिखे और विद्वान भी। वे प्रथम श्रेणी में एम.ए. पास हैं। किन्तु अभी तक (इन पंक्तियों के लिखे जाने तक) बेरोजगार हैं। दिनकर ठाकुर के दो बेटियाँ भी हुईं–रेणु और आशा। सबकी शादी हुईं और वे बाल-बच्चेदार हुए। हीरालाल ठाकुर की दो शादियाँ हुई थीं। पहली से केवल एक बेटी हुई–मिथिलेश कुमारी। इसी शादी में थाना-पुलिस हुआ था, जिसे भिखारी ठाकुर ने शान्त किया था।

लेकिन भिखारी ठाकुर के नाच आज भी चलते हैं। उनकी मण्डली के बचे हुए पुराने और कुछ नये कलाकारों के साथ उसी धूम-धड़ाके और शैली के साथ नाच चलानेवाले भिखारी के दो सरबेटे हैं– भृगुनाथ ठाकुर और प्रभुनाथ ठाकुर। भिखारी ने अपने साले को भी अपने चचेरे भाई मंगरू ठाकुर की देखभाल के लिए बुला लिया था। वे यहीं बस गये। भिखारी ने उन्हें भी अपनी नाच मण्डली में शामिल कर लिया था। उनके साले के तीन बेटों में सबसे बड़े रामजतन ठाकुर अब नहीं रहे। भृगुनाथ ठाकुर और प्रभुनाथ ठाकुर की उम्र भी क्रमशः 75 और 70 साल हैं। भिखारी ठाकुर के जीवन में ही उनके नाम पर अनेक नकली पार्टियाँ खड़ी हो गयी थीं। उनके मरने के बाद इसकी संख्या और बढ़ गयी। उत्तरप्रदेश के बनारस और गोरखपुर से लेकर बिहार के आरा, बलिया, छपरा में भिखारी ठाकुर के नाम पर दर्जनों नकली 'नाच' शुरू हो गये। किन्तु सच पूछा जाये तो भिखारी ठाकुर की नाच परम्परा को जीवित रखनेवाले ये ही लोग हैं, जो बचपन से ही भिखारी ठाकुर के घर में ही रहे। आज भी हैं। उन्होंने बताया कि "भिखारी ने ही इन्हें पाला-पोषा" कुतुबपुर भ्रमण के दौरान मैंने उनके यहाँ नाच पार्टी के शामियाने, टेंट के लम्बे-लम्बे बाँस, नाटक के पोशाक, सट्टा लिखने के लेटर पैड आदि सब कुछ देखा। इन्हीं लोगों की मदद से मैंने भिखारी ठाकुर के पुराने कलाकारों से मुलाकात की। वे सुबह से शाम तक हमारी गाड़ी में बैठकर कलाकारों के घर घुमाते रहे।

भिखारी ठाकुर ने अपनी नाच-तमाशे की कला से जितनी शोहरत कमायी, उतने पैसे भी। छोटे-बड़े ज़मींदारों से उन्हें ज़मीन भी कम नहीं मिली। पर वे न ज़मीन बचा सके, न पैसे। उनकी दरिया-दिली ऐसी थी कि जो कोई ज़रूरतमन्द दरवाजे पर आ गया, खाली हाथ नहीं लौटता था। नाच-तमाशों से कमाये अधिकांश धन वे अपने कलाकारों के बीच वितरित कर देते थे। उपहार में मिली ज़मीन की जोत और देखभाल करनेवाला कोई नहीं था। इसीलिए जिसने पाया, उसी ने क़ब्ज़ा कर लिया। उन्होंने अपना कोई नया घर भी नहीं बनाया। उनके बाप-दादों का जो घर था, मिट्टी की भीत (दीवार) और घास-फूस

भिखारी ठाकुर का पुश्तैनी घर

की छप्पर! वे जीवन-भर उसी घर में रहे। हाँ, उन्होंने इतना ज़रूर किया कि घास-फूस की छप्पर पर खपड़ा चढ़ा दिया और मुख्य दरवाजे पर किसी मेले से खरीदकर एक नक्काशीदार बड़ा चौखट और किवाड़ लगवा दिया। मिट्टी की भीत (दीवार) और खपड़े की छतवाला वह कच्चा घर आज भी है। भिखारी ठाकुर अपने दरवाजे के जिस कुएँ पर नहाते और पानी पीते थे, वह भी आज उसी रूप में है। यह कुआँ भिखारी ने खुद ही खुदवाया था। इसके पीछे एक दुखद कहानी है। वर्ष 1946 में गाँव में हैजा फैला। शुद्ध पानी के अभाव में हैजे से अनेक लोग मर गये। गाँव में एक ही कुँआ था-पण्डितजी का कुँआ। जाति के हिसाब से लोग बारी-बारी से पानी भरते। पहले सवर्ण लोग, फिर पिछड़ों में वे लोग, जिनका

पानी चलता था और अन्त में अछूत औरतें। भिखारी की पत्नी दूर से लाये हुए उसी अशुद्ध जल को पीने से मर गयी। इसीलिए भिखारी ठाकुर अपने नाच के साटा से पैसे कमाकर जब चन्दनपुर और पटना से लौटे, तो सबसे पहला काम यही किया कि मजदूरों को बुलाकर अपने दरवाजे पर एक गहरा और बड़ा कुँआ खोदवाया। पक्की ईंट से उसकी दीवार और जगत बनवाये। कुँआ आज भी भिखारी के स्नान-ध्यान और जलपान का इतिहास लिये खड़ा है, पर अब उससे कोई पानी नहीं पीता। वह टुटही पलानी भी अब नहीं है, जिसमें बैठकर भिखारी यजमानों की हजामत बनाते या अपने गीत और नाटक लिखते थे। उसकी जगह उसी कच्चे घर से मिलाकर बाहर से एक पूरब रुख का पलानी गिरा दिया गया है।

एक-दो पोते-परपोतों ने छपरा शहर में घर बना लिया है। किन्तु अधिकांश लोग इसी घर में रहते हैं। भाइयों में बँटवारे के बावजूद केवल कमरे बँटे हैं, घर नहीं। सटे दक्षिण बगल में उनके पोते स्व. दिनकर जी का मकान है, जिसमें दिनकर के पुत्र सुशील रहते हैं। नक्काशीदार चौखट और किवाड़ के भीतर के एक छोटे कमरे को दिखाते हुए सुशील ने बताया कि दादा भिखारी ठाकुर इसी कमरे में रहते थे और इसी में उनकी मृत्यु भी हुई। वे जमीन पर चटाई बिछाकर सोते थे। कभी-कभार ही खाट या चौकी पर बैठते या सोते थे। परिजनों ने बताया कि वे निर्धारित समय पर ही भोजन करते थे- दिन के दस बजे और रात के नौ बजे। गला साफ करने और मीठी आवाज के लिए वे सुबह-शाम गुड़ या मिश्री के ढेले के साथ काली मिर्च (मरीच) फाँकते

थे। यदि नियत समय पर उन्हें भोजन नहीं मिलता, तो वे बीमार पड़ जाते थे। उन्हें

जो भी भोजन मिल जाता था-दाल-रोटी, भात-सब्जी, सत्तू या भूजा-फरही ही, उसे वे प्रेम से खाते थे। दोपहर दिन में वे एक-दो घण्टे सोते ज़रूर थे। नाच-तमाशों के समय भी उनके खान-पान और आराम का यही नियम था। इस नियम को सभी लोग जानते थे। इसीलिए उनके लिए खान-पान और आराम की अलग से व्यवस्था कर दी जाती थी।

जब अपने पुत्र दीपक और अन्य लोगों के साथ मैंने उनके गाँव-घर का भ्रमण किया, तो उनके मौलिक घर और कुएँ को उसी रूप में देखा। उनके प्रपौत्र सुशील कुमार (चित्र में बायें) ने बताया कि "जब मुख्यमन्त्री लालू यादव आये थे, तो उन्होंने कहा था कि 'इस घर को ऐसे ही रहने देना, इसकी मरम्मत करना, लेकिन तोड़ना नहीं। यह बहुत बड़ी विरासत और इतिहास है। सरकार इसको संरक्षित करेगी।' हमलोग अभी तक इसी घर में रहते हैं। इसको तोड़ा या कुछ नया बनाया नहीं है। पर आज तक सरकार ने हमलोगों पर कोई ध्यान नहीं दिया है।"

भिखारी भक्त रामदास राही

भिखारी ठाकुर के रिश्तेदार रामदास ठाकुर का जन्म सेमरिया गाँव, थाना-बड़हरा, जिला भोजपुर में 6 मार्च, 1946 में हुआ था। लेकिन यह उनके स्कूल पंजी की जन्मतिथि है। उनका वास्तविक जन्म इससे एक-दो साल पूर्व ही हुआ होगा; क्योंकि ये अपनी उम्र 82 साल बताते हैं। देखने से भी वे वयोवृद्ध ही लगते हैं। लेकिन इस उम्र में भी उनका लिखना-पढ़ना जारी है। वे भोजपुरी में लिखते हैं और छोटी-बड़ी कई पुस्तकों के लेखक और प्रकाशक भी हैं। भिखारी ठाकुर ग्रन्थावली और रचनावली के प्रकाशन में इनका बहुत बड़ा योगदान है। उन्होंने इन्टरमीडियट तक की पढ़ाई की है। भिखारी ठाकुर की बड़ी बहन रामेश्वरा का विवाह उनके परदादा मंगल ठाकुर से हुआ था। उनके पुत्र बंशरोपन

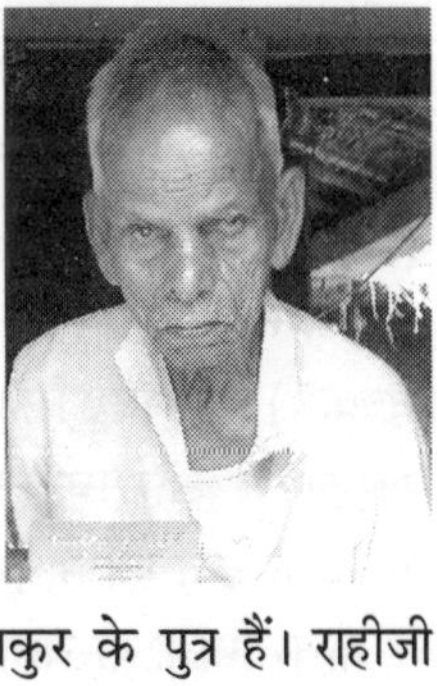

ठाकुर और राजगृह ठाकुर हुए। रामदास राही राजगृह ठाकुर के पुत्र हैं। राहीजी

भिखारी ठाकुर के अनन्य भक्त हैं और उन्होंने प्रण ले लिया है कि जब तक जीवित रहेंगे, 'भिखारी मिशन' पर ही काम करते रहेंगे। उन्होंने अपने क्षेत्र के भोजपुरी के अन्य कवि-कलाकारों पर भी काम किया है।

भिखारी ठाकुर के निधन के बाद रामदास राही ने अपना एक मिशन बनाया। उन्होंने भिखारी ठाकुर के नाच-तमाशों का नेतृत्व सम्भाला और पटना, दिल्ली के संस्कृति मन्त्रालय एवं सरकारी कला संस्थाओं से सम्पर्क कर भिखारी ठाकुर की कला को एक स्थायी मुकाम देने की कोशिश की। उनके परिजनों के सहयोग से उन्होंने उनके जन्मस्थल कुतुबपुर में 'लोकलाकार भिखारी ठाकुर आश्रम' एवं पटने में 'भिखारी ठाकुर स्कूल ऑफ़ ड्रामा' की स्थापना में महत्त्वपूर्ण भूमिका निभायी। वे 'लोकलाकार भिखारी ठाकुर आश्रम' कुतुबपुर के संस्थापक मन्त्री हैं। अब तो दिल्ली में भी भारत सरकार के 'राष्ट्रीय नाट्य विद्यालय' (नेशनल स्कूल ऑफ़ ड्रामा, एनएसडी) में 'बिदेसिया' प्रभाग खुल चुका है।

राहीजी ने ही देश-विदेश के सरकारी आयोजनों में भिखारी ठाकुर के नाटक एवं गीत-संगीत प्रस्तुति में भिखारी के कलाकारों का नेतृत्व किया। वे भोजपुरी भाषा की पुस्तक एवं पत्र-पत्रिकाओं का लेखन, सम्पादन और प्रकाशन करते हैं। भिखारी ठाकुर की कला और साहित्य पर उनको महारत हासिल है और उन पर उन्होंने पत्र-पत्रिकाओं के कई विशेषांक भी निकाले। भिखारी ठाकुर पर संजीव के चर्चित उपन्यास 'सूत्रधार' के लेखन में भी गौरीशंकर ठाकुर के साथ 'राही' जी ने उनकी काफ़ी मदद की थी, जब वे भिखारी ठाकुर के घर पर आये और कलाकारों से मिले थे। उन्होंने भिखारी ठाकुर कला के अनेक अनछुये पक्षों पर भी प्रकाश डाला है। अभी हाल ही में भिखारी ठाकुर पर उनकी एक भोजपुरी पुस्तक आयी है–'कुतुबपुर से कुतुबपुर'। किन्तु उनकी दृष्टि आध्यात्मिक और शास्त्रीय है। भिखारी कला के लोकपक्ष पर वे उतना ध्यान नहीं देते। वे उन्हें केवल 'संगीत रूपक' ही कहते हैं। भिखारी ठाकुर के अनेक गीत और तमाशे अब भी मौखिक परम्परा में ओझल हैं, जिन्हें खोजने की ज़रूरत है। भिखारी ठाकुर के कलाकारों को लेकर राही जी का एक दुखद संस्मरण है।

आचार्य शिवपूजन सहाय, जगदीश चन्द्र माथुर, उपेन्द्र महारथी (प्रसिद्ध चित्रकार), रामेश्वर सिंह कश्यप उर्फ 'लोहा सिंह' (चर्चित रेडियो नाटक) आदि साहित्यकार और विद्वान कलाकार भिखारी ठाकुर के समकालीन थे और उनके सम्पर्क में रहते थे। माथुर जी ने बिहार सरकार के कमिश्नर रहते हुए भिखारी ठाकुर का नाच-तमाशा करवाया था, उनका ऑटोग्राफ लिया था और पटना रेडियो स्टेशन

में एक बड़े समारोह में भी भिखारी ठाकुर के कार्यक्रम करवाये थे। भिखारी ठाकुर की मृत्यु पर पहला श्रदांजलि आलेख माथुर जी ने ही लिखा था–'भरत मुनि की परम्परा का लोक कलाकार', जो 'साप्ताहिक हिन्दुस्तान' में 27 अक्टुबर, 1971 को छपा था। उपेन्द्र महारथी ने भिखारी ठाकुर के कई रेखाचित्र बनाये थे। आज भिखारी ठाकुर के जो भी रेखाचित्र प्रचलित और प्रकाशित हैं, सभी उपेन्द्र महारथी के ही बनाये हुए हैं। पटना रेडियो स्टेशन से प्रसारित होनेवाले लोकप्रिय धारावाहिक 'लोहा सिंह नाटक' के नायक रामेश्वर सिंह कश्यप उनके प्रशंसक थे और उनके बड़े कार्यक्रमों में जाते थे। भिखारी ठाकुर के मरने के बाद एक दिन उपेन्द्र महारथी ने राही जी से कहा कि भिखारी ठाकुर की कला और साहित्य पर काम होना चाहिए। राही जी ने सोचा कि भिखारी ठाकुर के पुराने कलाकारों से मिलकर उन पर काम किया जाये। वे उनके कलाकारों से मिलने लगे।

भिखारी ठाकुर मण्डली में चन्दनपुर गाँव के उनके सम्बन्धी बाबूलाल ठाकुर और महेन्द्र ठाकुर दोनों भाई उच्च कोटि के कलाकार थे। बाद में उसी परिवार के एक कलाकार रूखी ठाकुर भी हुए जो 'बिदेसिया' नाटक में बटोही का पाठ करने लगे। बटोही की भूमिका अन्य कलाकार भी निभाते थे, पर रूखी ठाकुर की तरह की कला किसी में नहीं थी। इसीलिए रूखी ठाकुर उर्फ रामेश्वर ठाकुर काफ़ी मशहूर हो गये। वे कभी-कभी औरत का भी पाठ करते थे और तबला भी बजाते थे। बाद में रहीम भी बटोही की भूमिका निभाने लगे। राही जी तिजारपुर के दीनानाथ ठाकुर, धर्मनाथ ठाकुर आदि कलाकारों से भी मिले। वर्ष 1978 की बात है। एक दिन आरा जिला के उनके गाँव के पास में राही जी की मुलाकात चन्दनपुर के रूखी ठाकुर और प्रसिद्ध कलाकार रहीम से हुई। रूखी ठाकुर ने राही जी से कहा कि आप अमुक दिन करजा में 'बिदेसिया' नाच देखने आइए। रहीम का बटोही का पाठ देखकर दंग रह जाइएगा। पाँच दिनों के बाद निर्धारित तिथि को उनकी नाच पार्टी करजा आने के लिए चिरान घाट पर गंगा में नाव पर सवार हुई। नाव बीच धार में लहर की चपेट में आकर उलट गयी और उस पर सवार सभी यात्री डूब गये। उनके साथ ही पाँचों कलाकार रूखी ठाकुर, रहीम, पंचानन्द, दीनानाथ और धर्मनाथ ठाकुर भी गंगा में डूब कर मर गये। इस प्रकार भिखारी ठाकुर की मृत्यु के आठ वर्षों के बाद उनके पाँच प्रतिभावान कलाकारों की दर्दनाक अकाल मृत्यु हो गयी। रहीम का 'बिदेसिया' का पाठ गंगा की लहरों में समा गया। राही जी का मन हाहाकार कर उठा। उनका मन आज भी उस भीषण हादसे को याद कर दुखी हो जाता है।

भिखारी ठाकुर की कहानी : जीवित पात्रों की जुबानी

भिखारी ठाकुर के जीवन और उनके कार्यों को जानने का सबसे प्रामाणिक माध्यम है उनकी नाटक मण्डली में उनके साथ काम करनेवाले आज के जीवित कलाकार। हाल-हाल तक तक जीवित रहनेवाले भिखारी ठाकुर नाच-मण्डली के असली कलाकारों में गौरीशंकर ठाकुर (भिखारी ठाकुर का भतीजा, कुतुबपुर), किसुन देव (लोहार, कुतुबपुर), गोपाल (कहार, कुतुबपुर), रामचन्द्र माँझी बड़का (दुसाध, तिजारपुर) और शिवलाल बारी (बारी, मिश्रौलिया) थे। रामचन्द्र माँझी (बड़का) को जैनेन्द्र दोस्त व अन्य लोगों के प्रयास से वर्ष 2017 का 'संगीत-नाटक अकादमी अवार्ड' और वर्ष 2021 में राष्ट्रपति द्वारा 'पद्मश्री' सम्मान मिला। 7 सितम्बर 2022 को उनकी मृत्यु हो गयी। इसके एक साल पहले सितम्बर 2021 में शिवलाल बारी भी मर गये। अब केवल रामचन्द्र छोटका (दुसाध, श्रीपुर), लखीचन्द्र राम (दुसाध, इटहिया) और शिववरणा (दुसाध, कायम नगर, भोजपुर) ही बचे हुए हैं।

भिखारी ठाकुर का नाच देख-देखकर सीखने और अपना अलग गिरोह खड़ा करके 'भिखारी का नाच' करनेवाले वयोवृद्ध रामाज्ञा राम का अभी हाल ही में नवम्बर 2023 में लगभग 110 वर्षों की आयु में निधन हुआ है। "फरवरी 2014 में हुए 'पटना लिटरेचर फेस्टिवल' में सौ वर्षीय कलाकार रामाज्ञा राम को फेस्टिवल तथा मीडिया में भिखारी ठाकुर मण्डली का एकमात्र जीवित कलाकार बताया गया, जो भ्रामक है। रामाज्ञा राम जी कभी भिखारी ठाकुर मण्डली के सदस्य नहीं रहे।" (सम्पादकीय, सं.-हरिवंश, 'समकालीन रंगयात्रा' का प्रवेशांक, अप्रैल, 2014) फिर भी वे जीवन-भर भिखारी ठाकुर के नाटकों का ही मंचन करते रहे। बचपन से ही वे भिखारी ठाकुर का नाच देखते थे और उनके गीत और नाटकों की नकल करते थे। बाद में उन्होंने भिखारी ठाकुर के नाम पर अपनी एक अलग

नाच मण्डली खड़ी कर ली। लोकगायिका कल्पना पटवारी ने भी इसी आधार पर रामाज्ञा राम को प्रोजेक्ट कर भिखारी ठाकुर पर एक ओडियो-वीडियो सीरिज 'लिजेन्सी ऑफ़ भिखारी ठाकुर' बनाया था।

वर्ष 2014 में जब मैं 'बिदेसिया' नाच में 'रंडी' की भूमिका निभानेवाले रामचन्द्र माँझी (बड़का) से उनके गाँव तिजारपुर, जिला-छपरा में मिला, तो वे अभी जीवित ही नहीं, जीवन्त भी थे। उसके बाद वर्ष 2015 में और अन्तिम बार वर्ष 2017 में मिला। वे ऐसे जीवित कलाकार थे, जो अपनी 10 वर्ष की उम्र से लेकर भिखारी ठाकुर के जीवन के अन्त तक और उसके बाद भी उनके भतीजे गौरीशंकर ठाकुर, पोते राजेन्द्र ठाकुर और सरबेटे भृगुनाथ ठाकुर और प्रभुनाथ ठाकुर की नाच पार्टियों में सक्रिय रहे। लगभग 90 साल की उम्र में भी वे 60 से दिखते थे। अब भी नाच करने जाते थे। आवाज और लय की खनक और मस्ती वैसी ही थी। उम्र का राज पूछने पर बताया–"बाबू साहेब, नचनिया लोग जल्दी बूढा ना होला, काहे से उनकर काम योग आ तपस्या से कम न होखेला। दिन-रात नचते-नचते हुनकर बोटी-बोटी बरियार हो जाला। देह छरहर आ उमिर लमहर। पातर छऊँकी नियन कोमल आ काठ लेखा बरियार।"

रामचन्द्र माँझी बताते हैं–"आज मेरे पास अपनी जमीन, खेती-बारी और माल-मवेशी हैं। मैं हमेशा औरत का रोल ही करता रहा। मैं 'बिदेसिया, बेटी-वियोग, गबरघिचोर, विधवा-विलाप, गंगा-स्नान, पुत्र-वध, राधेश्याम बहार' आदि सभी नाटकों में मुख्य भूमिका निभाता था। उस समय विश्वयुद्ध छिड़ा हुआ था। हिटलर से लड़ाई थी। अंग्रेज़ सरकार को युद्ध के लिए 'वार फण्ड' में एक लाख रुपये इकट्टा करना था। उसने भिखारी ठाकुर का नाच बँधाया। हमलोग पलामू, कलकत्ता, गोहाटी तक नाचने गये, 1940 से 1942 तक 'वार फण्ड' के लिए नाचते रहे। उसी समय से 'मालिक जी' का नाच टिकट पर होने लगा। टिकट के लिए मारा-मारी होती थी। जगह नहीं मिलती थी। हमलोगों की दस आना-छह आना की हिस्सेदारी थी। छह आना की हिस्सेदारी अंग्रेज़ ले लेते थे और दस आना हमलोगों को मिलता था। मालिक जी कलाकारों को दिल खोलकर हिस्सा देते थे। उसी कमाई से हमलोगों ने जमीन खरीदी"

रामचन्द्र जी बताते हैं– "मालिकजी के

नाच ने हमें इज्जत, दौलत और शोहरत-सब कुछ दिया। इसलिए मरते दम तक हम इस कला को नहीं छोड़ेंगे। आप बुलाइए, हम मँगनी में आ जायेंगे। मालिक जी के साथ हमलोग खेला करने बहुत दूर-दूर तक जाते थे। लेकिन सबसे अधिक इज्जत बिहार में ही मिली। एक बार झरिया के मशहूर सिनेमा टॉकिज में सिनेमा की हीरोइन नर्गिस, हेलेन और सुरैया के साथ हमलोगों का भी प्रोग्राम हुआ। हमलोगों ने साथ ही नाचा। उन लोगों ने हमारे नाच को बहुत पसन्द किया। फिर वही हीरोइन लोग छपरा के 'दुर्गा टॉकिज' में आयीं और हमलोगों का भी साथ में नाच हुआ। भिखारी ठाकुर का नाच ही काफ़ी था। पर सिनेमा के हीरोइन के साथ भिखारी ठाकुर का नाच हो, तो वह सोना में सुगन्ध बन गया था। बड़ा शोर हुआ। उसे देखने के लिए उस जमाने में 101 और 51 रुपया टिकट लगा था। हमलोगों ने फिर साथ-साथ नाच किया। लेकिन जनता ने उनके नाच से ज्यादा भिखारी ठाकुर के नाच को ही पसन्द किया। हम ही लोग रात-भर नाचते रहे। हेलेन, सुरैया, नर्गिस ने हमलोगों की बड़ी तारीफ की। उन्होंने मर्द को औरत बनकर नाचते नहीं देखा था। उन लोगों ने बारी-बारी हमारे कपड़े और गहने पहने, फिर हमलोगों ने उनके। बड़ा मजाक करती थी और तारीफ भी" यह सब कहते सुनते उन्होंने पूरे लय में भिखारी ठाकुर के कई गाने सुना दिये– 'ए किया हो रामा, पियऊ के मतिया केई हर लेलक हो राम।' इस पूरे वार्तालाप के दौरान बी.एससी.-2 में पढनेवाली उनकी पोती तन्मय होकर सब कुछ देखती-सुनती रही। उसने ख़ुश होकर हमें चाय भी पिलायी।

जल्द ही मुझे रामचन्द्र माँझी और उनकी पार्टी को बुलाने का मौका मिल गया। 12-14 दिसम्बर 2017 को मैंने 'चम्पारण में गांधी: विरासत और सियासत' विषय पर एम.एस. कॉलेज, मोतिहारी के स्थापना दिवस समारोह में एक राष्ट्रीय सम्मलेन किया। इसी कार्यक्रम में मैंने उन कलाकारों को बुलाया। किन्तु उस समय तक म.गा. अन्तर्राष्ट्रीय विवि, वर्धा में संगीत-नाटक के एक शोधार्थी जैनेन्द्र दोस्त, जो छपरा के ही रहनेवाले थे, ने उन कलाकारों को लेकर एक मण्डली बना ली थी। इसीलिए उनलोगों ने मुझे उनका नम्बर दिया और कहा कि उनसे प्रोग्राम बनवा लीजिए। हमलोग उन्हीं के साथ चलेंगे। इस प्रकार मुफ़्त में जाने की बात जाती रही। यद्यपि मैं उन्हें खुद ही उचित पारिश्रमिक देता, पर जैनेन्द्र जी भी मेरे बजट के अनुरूप ही उन कलाकारों को लेकर आ गये। 'बिहारी कला-संस्कृति की विरासत' के रूप में भिखारी ठाकुर के लोकप्रिय भोजपुरी नाटक 'बिदेसिया' की जोरदार प्रस्तुति हुई, जिसमें भिखारी ठाकुर नाटक के चार जीवित कलाकांरों की मौलिक प्रस्तुति ने दर्शकों को अभिभूत कर डाला। सौभाग्य से इस कार्यक्रम के बाद ही रामचन्द्र माँझी

को संगीत-नाटक अकादमी और पद्मश्री अवार्ड मिला। इस कार्यक्रम का निदेशन और प्रस्तुति डॉ. जैनेन्द्र दोस्त ने ही किया था। रामचन्द्र (बड़का)-भक्ति-भजन और मंगलाचरण, रामचन्द्र (छोटका)-रखैल, लखीचन्द माँझी-प्यारी सुन्दरी, शिवलाल बारी- बटोही और शंकर (हास्य-व्यंग्य) की कला प्रस्तुति देखकर लोग दंग रह गये।

92 साल की उमर में भी रामचन्द्र (बड़का) की औरत की वेश-भूषा, भावपूर्ण नृत्य, खनक भरी आवाज और ठसक देख-सुनकर दर्शक भावविभोर हो गये–

"लगनिया, लगनिया, लगनिया, लगनिया, लगनिया,
कहिया लगिहन सीताराम में लगनियाँ।
कुछ दिन बीति गइले करत सनियाँ-पनियाँ,
कुछ दिन बीतल छूरा-कैंची-नहरनियाँ। लगनिया...
गाँवां-गाईं जाई, खाई चिट्टी नेवतनियाँ,
लिखे के सिखवलन भगवान साहू बनियाँ। लगनियाँ...
रहे के परत नइखे जनम-असथनियाँ,
नगद-नारायन चाहीं रुपेया-अठनियाँ। लगनियाँ...
कहत 'भिखारी' हम ना हउई नचनियाँ,
नचवे में रहिकर कहीला कहनियाँ। लगनियाँ..."

लखीचन्द माँझी, ग्राम-इटहिया, जिला- छपरा, प्यारी सुन्दरी के किरदार, 'बिदेसिया' नाटक के मौलिक, जीवन्त और जीवित पात्र हैं। अपनी ऐतिहासिक भूमिका में ये देश-विदेश घूम चुके हैं। आज भी वे इसी भूमिका में भिखारी ठाकुर के नाटक 'बिदेसिया' में सक्रिय हैं। कुछ अन्य भूमिकायों में भी सक्रिय रहे हैं। 'बेटी बेचवा' और 'गबरघिचोर' में महतारी, 'भाई विरोध' में बड़की गोतनी आदि की भूमिका निभानेवाले इस कलाकार ने आग्रह करने पर सबके सामने बिदेसिया का एक चर्चित गीत सुनाया– "पियबा गईले कलकतवा ये सजनी...", लगभग 70 साल की उम्र में भी भोजपुरी की वही मौलिक मिठास! देख-सुनकर मन-प्राण पुलकित हो गये। उन्होंने मालिक जी (भिखारी ठाकुर) के अनेक संस्मरण सुनाये। उन्होंने बताया कि "भिखारी ठाकुर के नाच में चार ही बाजा होते थे–सारंगी, ढोलक, तबला और झाल/ जोड़ी। बाद में हारमोनियम का प्रचलन होने पर उसे भी

जोड़ लिया गया। बाजा बजानेवाले कलाकार अच्छे गायक भी होते थे। वे नाटकों में समाजी का काम करते थे। सूत्रधार भिखारी ठाकुर जब नाच की कथा की भूमिका बाँधते थे, तो ये समाजी समूहगान करके कथा को आगे बढ़ाते थे। भिखारी नाच के उस जमाने के मशहूर वादक और समाजी थे–हारमोनियम पर जयदेव राय (यादव), सारंगी पर धरिछन राय (यादव), ढोलक पर घिनावन शर्मा (लोहार), तबला पर तफजुल मियाँ (मुस्लिम) और झाल/जोड़ी पर बाबूलाल ठाकुर (नाई)। जब ये वादक और समाजी बाजा बजाते और कथासार गाते तो समाँ बँध जाता था।"

भिखारी ठाकुर जब तक जीवित रहे, प्रत्यक्ष या परोक्ष रूप से अपने तमाशे का नेतृत्व करते रहे। उन्होंने अपने जीवन काल में ही अपने भतीजे गौरीशंकर ठाकुर को तमाशे में रख लिया था। वे भी भिखारी की तरह तमाशा दिखाते थे। 1965 के बाद, अपने जीवन के अन्तिम दशक में 78 वर्ष की अवस्था होते-होते भिखारी ठाकुर ने 'तमाशे' का दायित्व पूर्णरूप से अपने भतीजे को दे दिया। भतीजा गौरीशंकर ठाकुर के समय ही भिखारी के पोते दिनकर ठाकुर ने अलग से नाच-तमाशे का नेतृत्व सम्भाला। वे उच्च कोटि के कलाकार थे। दादा भिखारी ठाकुर की तरह वे भी एक ही साथ अभिनेता, गायक, नर्तक और कवि थे। उनके साथ भिखारी ठाकुर के रिश्तेदार भृगुनाथ और प्रभुनाथ ठाकुर भी तमाशा करते थे। किन्तु दिनकर ठाकुर के असामयिक निधन के बाद दिनकर के बहनोई (शिलानाथ ठाकुर की बेटी तेतरी देवी के पति) शत्रुघ्न ठाकुर नाच-तमाशे का गिरोह चलाने लगे। भृगुनाथ और प्रभुनाथ ठाकुर के तमाशे भी चलते रहे। किन्तु वे लोग ज्यादा पढ़े-लिखे और कला के सैद्धान्तिक पक्ष के मर्मज्ञ नहीं थे। इसीलिए भिखारी ठाकुर की कला के सैद्धान्तिक और व्यावहारिक पक्ष की खोज और अनुसंधान करनेवाले उनके शिक्षित सम्बन्धी रामदास राही ने भिखारी ठाकुर के नाच-तमाशों का नेतृत्व सम्भाला।

भिखारी ठाकुर को अपने लम्बे जीवन काल में बहुत से प्रिय मित्र, सगे-सम्बन्धी और कलाकारों से बिछुड़ने का शोक-संताप सहना पड़ा। उनके देखते-देखते उनके छोटे भाई बहोर ठाकुर मर गये। उनके प्रिय मित्र रामानन्द सिंह, प्रिय और वरिष्ठ कलाकार बाबूलाल और महेन्द्र ठाकुर भी एक-एक कर चल बसे। फिर भी भिखारी ठाकुर टूटे नहीं। उन्होंने सारे दुख-संताप सहते हुए अपनी कला और मण्डली को जीवित और जीवन्त रखा।

भिखारी ठाकुर के समकालीन कवि-कलाकार

'अँगुरी में डँसले बिया नगिनिया रे, हे ननदी पिया के बुला दऽ' आदि भोजपुरी गीतों के रचयिता और गायक महीन्दर मिसिर, 'सुन्दर सुभूमि भैया भारत के देशवा से... रे बटोहिया' के कवि रघुवीर नारायण और भिखारी ठाकुर समकालीन थे और एक ही जिला और क्षेत्र के रहनेवाले थे। महीन्दर मिसिर (1886-1946) भिखारी ठाकुर (1887-1971) से केवल एक साल बड़े थे और रघुवीर नारायण (1884-1955) तीन साल बड़े। एक और कवि, गायक और नर्त्तक थे–रसूल मियाँ, जो गीत और नाटक तो लिखते ही थे, नाच भी करते थे। उनका नाच भोजपुरी क्षेत्र में प्रसिद्ध था। भिखारी ठाकुर की तरह वे भी कलकत्ता तक नाचने जाते थे। कलकत्ता के चटकल जूट फैक्ट्री में काफ़ी संख्या में बिहार और यूपी के मजदूर काम करते थे। रसूल के पिता फतिंगा अंसारी भी कलकत्ता छावनी (मार्कुस लाइन) में अंग्रेज़ों के यहाँ बावर्ची का काम करते थे। रसूल मियाँ भिखारी से 14-15 साल बड़े थे। रसूल मियाँ और भिखारी ठाकुर के नाच-तमाशे चलते थे और महेन्द्र मिश्र और रघुवीर नारायण के केवल गीत। इसी प्रकार भिखारी ठाकुर की शैली और कथानकों के आधार पर नाच चलानेवाले मुज़फ़्फ़रपुर के गुदर राय (यादव), सीवान के दरवारी गिरि, फकुली के बसुनायक सिंह, छपरा के रामजन्म गिरि, इस्लाम मियाँ, महेन्दर साह, भिखारी को अपना गुरु माननेवाले सोहरा के चाँदी सिंह (जयहिन्द ख़बर और कुँवर सिंह का पाँवरा के कवि और नर्त्तक) आदि भी उस जमाने में अपने-अपने क्षेत्र में प्रसिद्ध थे। भिखारी का काल सामन्ती शान-सौकत का अवसान काल था। फिर भी देशी दरबारों में तवायफ़ों के नाच-गान और मुज़रों की धूम थी। मीरगंज (गोपालगंज) हथुआ दरबार की दो बहनें मुनिया (सुन्दरी) बाई और दुनिया बाई, छपरा की गुलाबो, और मुज़फ़्फ़रपुर की ढेलाबाई प्रसिद्ध नर्त्तकी और शायरा थीं। लोकभाषा में 'राधेश्याम रामायण' लिखनेवाले बरेली के पण्डित राधेश्याम कथावाचक, बनारस के शंकर डांसर, मुकुन्दी भाँड़ (भांट) आदि लोककवि-कलाकारों और नर्त्तकों का जमाना भी यही था। यहाँ वयक्रम से इनमें से कुछ कलाकारों के बारे में संक्षेप में बताया जा रहा है।

रसूल मियाँ

रसूल मियाँ का जन्म जिगना मजार टोला, थाना-मीरगंज, जिला–गोपालगंज में 1872 के आस-पास हुआ था और मृत्यु 1952 में हुई। वे भिखारी की तुलना में कुछ पढ़े-लिखे थे। उन्होंने मदरसे में विधिवत कक्षा पाँच तक की शिक्षा प्राप्त की थी। रसूल मियाँ के नाच के बारे में भोजपुरी क्षेत्र के पुराने लोग जानते हैं। भोजपुरी की मौखिक परम्परा में रसूल मियाँ के नाच-गान की चर्चा है। किन्तु उनके बारे में कोई लिखित और प्रामाणिक जानकारी नहीं मिलती। कुछ वर्ष पूर्व सुभाषचन्द्र कुशवाहा ने उनके घर पर जाकर उनके परिजन और गाँव-समाज के लोगों से बातचीत की और उसी के आधार पर रसूल मियाँ पर एक शोध आलेख लिखा था, जो उनके 'लोकरंग' पत्रिका में छपा। ले-देकर रसूल मियाँ की जीवनी का वही एक आधार है। उसके अनुसार रसूल मियाँ के पिता फतिंगा अंसारी गाने-बजाने का काम करते थे। उनके दादा भी संगीतकार थे। चाचा मोहर्रम मियाँ, गौहर मियाँ और फूफा हुना मियाँ कुशल सारंगी वादक थे। रसूल को संगीत और नाच-गाने की कला अपने पिता और परिवार से विरासत में मिली थी। उन्होंने अपनी नयी शैली भी विकसित की। उन्होंने लोकप्रचलित कथा पर स्वयं नाटक और गीत लिखे, कुछ नयी कथा का भी सृजन किया। उन्होंने जहाँ एक ओर भोजपुरी के नाच और गीतों का सृजन और मंचन किया, वहीं खड़ीबोली हिन्दी और उर्दू के भी गीत और ग़ज़ल लिखे। कहा जाता है कि कलकत्ता प्रवास के दौरान उनकी भेंट जगदल के हलीम मास्टर से हुई। वे एक शायर थे। उन्होंने ही उन्हें गीत-संगीत और छन्द-मात्रा आदि सिखाया।

रसूल उर्दू में ही गीत और डायरी लिखते थे। शादी-ब्याह में 'सेहरा गीत' वे खुद बनाते और गाते थे। उनकी एक चर्चित 'सेहरा ग़ज़ल' है, जिसे शादी-विवाह के नाच में 'बाईजी' गाती थी–'गमकता जगमगाता है, अनोखा राम का सेहरा'। बाद में लौण्डा नाच में भी स्त्री बने पुरुष पात्र इस गीत को गाने लगे। लेकिन ग़ज़ल की अन्तिम पंक्तियों से लगता है कि इस सेहरा को उनके गुरु हलीम मास्टर ने लिखा है और रसूल ने गाया है। पूरी ग़ज़ल इस प्रकार है:–

'गमकता जगमगाता है, अनोखा राम का सेहरा।
जो देखा है वो कहता है, रमेती राम का सेहरा।
हजारों भूप आये थे, जनकपुर बाँध कर सेहरा।
रखा अभिमान सेहरों का, सलोने श्याम का सेहरा।
उधर है जानकी के हाथ में, जयमाल शादी की।

इधर है राम के सर पर, विजय परमाण का सेहरा।
लगा हर एक लड़ियों में ये धागा बंदेमातरम का।
गुँथा है सत के सूई से सिरी सतनाम का सेहरा।
हरी, हरीओम पढ़कर के ये मालन गूँथ लाई है।
नन्दन वन स्वर्ग से लायी है मालन श्याम का सेहरा।
कलम धो-धो के अमृत से लिखा है मास्टर ने सेहरा।
सुनाया है रसूल ने आज ये ईनाम का सेहरा।'

उन्होंने बारात में समधी और समधन के द्विअर्थी गीत-गारी भी लिखे और गाये हैं। रसूल के नाच और गीत किसान-मजदूरों के अभावग्रस्त जीवन, उनके सुख-दुख, पति-पत्नी के नोक-झोंक, विरह-मिलन आदि विषयों पर भी होते थे। भोज़पुरी क्षेत्र में प्रचलित रसूल का एक गीत मिलता है, जिसमें किसान की पत्नी पति से गहना खरीदने के लिए कहती है। इस पर पति अभावों का हवाला देते हुए उसे चुप करा देता है। इसमें रसूल ने बारहों महीने की परिस्थिति का वर्णन किया है। इसीलिए इसे रसूल का 'बारहमासा' कहा जाता है। कुछ पंक्तियाँ इस प्रकार हैं–

"अभी बैल ना किनाइल, अभी खेत ना जोताइल,
चानी[1] भइल बाऽ महंग, तोहरा गहना सुझल बा।
चैत महीना आइल, सिर पर अइली नमिया[2] माई,
कइसे होईहे पूजाई, तोहरा गहना सुझल बा।"

(1. चानी-चाँदी, 2. नमिया-रामनौमी का पर्व)

कहा जाता है कि रसूल मियाँ ने गांधीजी की हत्या पर भी बड़ा ही मार्मिक गीत लिखा और गाया। 30 जनवरी 1948 को जिस समय गांधीजी की हत्या हुई, उस समय कलकत्ते में रसूल मियाँ का नाच हो रहा था। रसूल मियाँ ने नाच रोक दिया और तत्क्षण यह गीत बनाकर दर्शकों के सामने रो-रो कर गाया, जो राष्ट्रीय शोकगीत बन गया। वे भिखारी की तरह ही आशुकवि थे।

'के हमरा गांधीजी के, गोली मारलक हो, धमाधम तीन गो।
कल्हीये आज़ादी मिलल, आज चललऽ गोली।
गांधी बाबा मारल गइले, देहली के गली हो। धमाधम तीन गो।
पूजा में जात रहले, बिरला भवन में,
दुशमनवा बैइठल रहल, पाप लिये मन में,
गोलिया चला के बनल बली हो। धमाधम तीन गो।

कहत रसूल, सूल सबका दे के,
कहाँ गइले मोर अनार के कली हो, धमाधम तीन गो। के हमरा...'

गांधी पर रसूल ने और भी लिखे थे–

'समधी बनले गांधी बाबा, हाय रे जियरा।
कहत रसूल नेता सब बराती, हाय रे जियरा।
सज-धज केऽ चलले गांधी बाबा, हाय रे जियरा।'

रसूल ने आज़ादी की हर परिस्थिति और घटनाओं पर गीत लिखे हैं और उन्हें अपने नाचों में गाया है। कलकत्ता में रसूल का नाच अक्सर 'मार्कुस पुलिस लाइन' के आस-पास होता था, जहाँ उनके पिता रहते थे। सुभाषचन्द्र कुशवाहा ने रसूल के परिजनों एवं गाँव के बुजुर्गों से सुनी स्मृति के आधार पर आज़ादी के आस-पास 1945-46 की एक घटना का जिक्र किया है, जो पुलिस लाइन में ही घटी थी। "कलकत्ता के लाल बाज़ार पुलिस लाइन में रसूल का नाच चल रहा था। नाच देखने वाले ज्यादातर भोजपुरी-भाषी सैनिक थे। वहीं रसूल ने एक गीत सुनाया–

'छोड़ द गोरकी के अब तू ख़ुशामी बालमा।
एकर कहिया ले करबऽ गुलामी बालमा।
देसवा हमार, बनल ई आ के रानी,
करे ले हमनीं पर ई हुक्कमरानी,
एकर छोड़ द अब दीहल सलामी बालमा।
एकर कहिया ले ले करबऽ गुलामी बालमा।'

कहते हैं रसूल के इस गाने से तमाम सिपाही उत्तेजित हो गये। कुछ बिहारी सिपाहियों ने नौकरी छोड़ दी। अधिकारियों को लगा कि और सिपाही नौकरी छोड़कर जाने का मन बना रहे हैं। फिर क्या था, अंग्रेज़ी पुलिस ने रसूल को मार्कुस लाइन डेरे से गिरफ्तार कर लिया। रसूल को वेश्याओं की धकुरिया गली से ले जाया जा रहा था। आगे-पीछे पुलिस वाले और बीच में रसूल वेश्याओं की गली से गाते हुए जा रहे थे—

'भगिया हमार बिगड़ल, अइनीं कलकतवा, बड़ा मन के लागल।
नाहक में जात बानी जेल, बड़ा मन के लागल।
भुखिया लागल गइनीं हलुवइया दुकनिया, बड़ा मन के लागल।
देला नरियलवा के तेल, कहे घीउवे के छानल।
नाहक में जात बानी जेल, बड़ा मन के लागल।'

कहा जाता है कि रसूल की जमानत वेश्याओं ने दी थीं। इसके लिए उन्होंने अपने जेवर तक बेच दिये थे। रसूल की शोहरत ऐसी थी कि पास के नवाब की बेटी भी थाने गयी थी।"

आज़ादी के दौरान देश के विभाजन पर रसूल का लोककवि किस प्रकार देश की समस्या पर चिन्तित है, उसे इस गीत में देखा जा सकता है–

"सर पर चढ़ल आज़ाद गगरिया, सम्भल के चलऽ डगरिया ना।
एक कुइंयाँ पर दू पनिहारन, एक ही लागल डोर,
कोई खींचे हिन्दुस्तान की ओर, कोई पाकिस्तान की ओर।
ना डूबे, ना फूटे ई, मिल्लत की गगरिया ना। सम्भल के .....
हिन्दू दौड़े पुराण लेकर, मुसलमान कुरान,
आपस में दूनों मिल-जुल लिहो, एके रख ईमान,
सब मिलजुल के मंगल गावें, भारत की दुअरिया ना। सम्भल के.....
कहे रसूल भारतवासी से यही बात समुझाई,
भारत के कोने-कोने में तिरंगा लहराई,
बाँध के मिल्लत की पगड़िया ना। सम्भल के...... "

रसूल ने अपने नाटक 'आज़ादी' में अंग्रेज़ों के पिट्ठू ज़मींदारों को ज़मींदारी-प्रथा छोड़कर स्वदेशी आन्दोलन की ओर आने का आह्वान किया है। रसूल कपड़ा बुननेवाले जुलाहा थे। इसीलिए कबीर की तरह अपने गीतों में उन्होंने तकली, चर्खा, करघा आदि उपमान और प्रतीकों का प्रयोग किया है। लेकिन यहाँ गांधी के खादी आन्दोलन का जिक्र है।

"छोड़ द न बलमुआ ज़मींदारी परथा।
सईंया बोअऽ ना कपास, हम चलाइब चरखा।
हम कातेऽब सूत, तू चलइहऽ करचा।
हम नारा-नुरी भरब, तू चलइहऽ करघा।
सईंया बोअऽ............
कहत रसूल, सईंया जइहऽ मत भूल।
हम खादीये पहिन के रहबऽ बड़का।
सईंया बोअऽ............।"

आज़ादी के बाद हिन्दू-मुस्लिम एकता और राष्ट्रभक्ति पर रसूल का यह झूमर-गीत उनके 'आज़ादी' नाटक का है–

"पन्द्रह अगस्त सैंतालिस के सुराज मिलल,
बड़ा कठिन से ताज मिलल ना।
सुन ल हिन्दू-मुसलमान भाई,
अपना देशवा के करऽ भलाई,
तोहरे हथवा में हिन्द माता के लाज मिलल,
बड़ा कठिन से ताज मिलल ना।
अपना देश से दुश्मन भागल,
हम भारतीय के भगिया जागल,
कहे रसूल गा के, अब हमनी के राज मिलल,
बड़ा कठिन से ताज मिलल ना"

अपने 'आज़ादी' नाटक में रसूल ने झूमर शैली में आज़ादी का जश्न गीत लिखा और गाया है–

"मिल-जुल गावऽ सब भारत के सखिया, आज़ादी मिलले।
डालऽ जवाहर गले हार, हे आज़ादी मिलले।
कोई सखी गावे, कोई ताल बजावे, हे आज़ादी मिलले।
कोई सखी गूँथेली हार, हे आज़ादी मिलले।

भारतीय स्वतन्त्रता पर रसूल का एक और गीत खड़ीबोली हिन्दी में प्रचलित है–

"पन्द्रह अगस्त स्वतन्त्रता दिवस आया है, आता रहेगा।
जब तलक देशवासी रहेंगे, ये तिरंगा लहराता रहेगा।
माल का, जान का दे के सहारा, इसको बापू ने ऐसा संवारा
देश भारत है ऐसा नगीना, ये हमेशा चमकता रहेगा"

इसी प्रकार रसूल के धोबी-धोबिन, बिरहा, संस्कार गीत, भक्ति-भजन, आरती आदि के छिटपुट गीत मौखिक परम्परा में मिलते हैं, जिनमें जीवन की मीमांसा, दार्शनिकता, समेकित संस्कृति, साम्प्रदायिक सद्भाव आदि के दर्शन होते हैं। रसूल के परिजन और गाँव-जबार के लोग उनके 'सेठ-सेठानी, सती बसंती-सूरदास, आज़ादी, गंगा नहान' आदि नाटकों के नाम बताते हैं। उनके गीत और नाटक उनकी डायरी में दर्ज थे, जो अब उपलब्ध नहीं है। इस प्रकार रसूल के गीत और नाटक कहीं लिखित रूप में उपलब्ध नहीं हैं। मौखिक रूप में कहीं-कहीं लोग गाते हैं। ऐसा ही एक गीत उनके 'सती बसंती-सूरदास' नाटक का है–"रब के बोली बोल रे मैना, रब के बोली बोल/ क्यों सोये गफलत में मैंना, होवन लागी भोर/ रे मैना रब के बोली बोल/ अइहें बिलरिया झपट ले जइहें, बस न चलिहें तोर/ रे मैना रब के बोली बोल/ कहे रसूल

भूल मत जइहो/ भजन करो दिन रोज/ रे मैना रब के बोली बोल" रसूल का एक निर्गुण गीत भी लोक में प्रचलित है–

"घट ही में सहर बसवलू हो, तू त पाँचों रनियाँ।
पाँचों रनियाँ, पच्चीसों बैरनियाँ,
एहीऽ में तीन गो सेयनिया हो, तू त पाँचों रनियाँ।
ब्रह्मा के मोहलू, विष्णु के मोहलू,
शिवजी के भंगिया पियवलू हो, तू त पाँचों रनियाँ।
लोभ-मोह के महल बना के,
माया में सबके फँसवलू हो, तू त पाँचों रनियाँ।
कहत रसूल छब-ढब दिखा के,
सबके नाच नचवलू हो, तू त पाँचों रनियाँ।"

वैसे तो भक्तिकाल के तमाम मुस्लिम कवियों ने हिन्दू देवी-देवता और प्रतीकों को लेकर गीत और काव्य लिखे हैं। जायसी के 'पद्मावत' और रसखान की कृष्णभक्ति प्रसिद्ध हैं। लेकिन नवजागरण और आधुनिक काल के मुस्लिम लोककवियों ने भी हिन्दू धर्म के कथा प्रतीकों को लेकर गीत लिखे हैं, रसूल मियाँ इसके ज्वलन्त उदाहरण हैं। यहाँ धर्म और सम्प्रदाय की दीवारों को तोड़कर जब रसूल जैसा लोककवि अपने नाच में यह गीत गाता है, तो साम्प्रदायिक शक्तियों के मुँह पर तमाचा-सा पड़ जाता है–

"हरिओम् तत्-सत्, हरिओम् तत्-सत्!
काम करते रहो, नाम जपते रहो, हरिओम् तत्-सत्!
लगी आग लंका में हलचल मची थी,
विभीषण की कुटिया क्यूँ फिर भी बची थी,
लिखा था यही नाम कुटिया के ऊपर,
हरिओम् हरिओम् तत्-सत्, हरिओम् तत्-सत्!"

इसी प्रकार राधा-कृष्ण के रंग में सराबोर रसूल का यह होली गीत भी देखा जा सकता है–

"खेलन चली होरी गोरी मोहन संग।
कोई लचकत कोई हचकत आवे, कोई आवत अंग मोड़ी।
कोई सखी नाचत, कोई ताल बजावत, कोई सखी गावत होरी।
मोहन संग खेलन चली होरी, गोरी।"

शिक्षा और पारिवारिक-सामाजिक परिवेश के अनुसार रसूल की भाषा में

हिन्दी, भोजपुरी और उर्दू के शब्दों का प्रयोग हुआ है; जबकि भिखारी ठाकुर में भोजपुरी के अलावा हिन्दी, उर्दू और संस्कृत शब्दों का ज्यादा प्रयोग हुआ है। रसूल ने खड़ीबाली में लिखा, तो भिखारी ठाकुर के कुछ पद भी खड़ीबोली के हैं। रसूल ने राजनीतिक स्वतन्त्रता के गीत लिखे, तो भिखारी ठाकुर ने सामाजिक और सांस्कृतिक मुक्ति के तराने छेड़े। ब्रिटिश सत्ता का विरोध कर रसूल का जेल जाना उन्हें भिखारी से अलग पहचान दिलाता है। भिखारी ठाकुर के नाच की प्रसिद्धि, खुद से अपने गीत और नाटकों के प्रकाशन और उनकी 'बिदेसिया' पर फ़िल्म निर्माण के कारण हुई, पर रसूल मियाँ ने न पुस्तक निकाली, न उनकी रचनाओं पर कोई काम हुआ, इसीलिए वे गुमनामी के गर्त में पड़े रहे। किंवदन्ती है कि कलकत्ते में रसूल मियाँ और भिखारी ठाकुर के नाच की प्रतियोगिता हुई थी, जिसमें उम्दा प्रदर्शन के कारण भिखारी ठाकुर की जीत हुई। पर क्षेत्र के बड़े बुजुर्ग बताते हैं कि आरा, छपरा इलाके में भी रसूल मियाँ के नाच होते थे, पर वे भिखारी ठाकुर के नाच की तरह नहीं जम पाते थे।

फ़िल्मों के प्रसिद्ध संगीत निर्देशक चित्रगुप्त रसूल मियाँ के बगल के गाँव सरवेजी, मीरगंज के ही रहनेवाले थे। कहा जाता है कि चित्रगुप्त के माध्यम से रसूल के कई नाटकों की विषयवस्तु पर कई हिन्दी और भोजपुरी फ़िल्में बनीं, जिनमें 'इंसानियत' (1955), 'लैला-मजनू', 'हे गंगा मैया तोहे पियरी चढ़इबो' आदि फ़िल्में हैं। लेकिन यह किंवदन्ती ही है। रसूल की रचना के अभाव में इसकी पुष्टि करना सम्भव नहीं है। सच्चाई यह है कि भोजपुरी की पहली फ़िल्म 'हे गंगा मैया तोहे पियरी चढ़इबो' भिखारी ठाकुर के 'गंगा स्नान' नाटक और गीत की प्रसिद्धि से प्रेरित होकर भिखारी के क्षेत्र के रहनेवाले देश के प्रथम राष्ट्रपति राजेन्द्र प्रसाद ने नजीर हुसैन से बनवायी थी, जिसमें संगीत चित्रगुप्त का ही है और गीत शैलेन्द्र के। इसकी कथा पर 'बिदेसिया' की विरह-वेदना का स्पष्ट प्रभाव है।

फिर भी किसी भी दृष्टि से रसूल मियाँ भिखारी ठाकुर या महेन्द्र मिश्र से छोटे कलाकार नहीं थे। उनके लिखे और मंचित नाटकों का प्रभाव तत्कालीन भोजपुरी फ़िल्मों पर सम्भव है। किन्तु इस बड़े लोक कलाकार पर कहीं किसी संग्रह में एक पन्ना भी खर्च नहीं किया गया। सम्भव है ऐसा साम्प्रदायिक विभेद के कारण हुआ हो।

महेन्द्र मिश्र

महेन्द्र मिश्र का जन्म भिखारी ठाकुर के गाँव कुतुबपुर दियारा और छपरा शहर से लगभग 15-20 किमी उत्तर-पश्चिम जललालपुर प्रखण्ड के काही मिश्रवलिया गाँव

में 16 मार्च 1886 को हुआ था। वे पढ़े-लिखे थे। उन्हें भोजपुरी, संस्कृत, उर्दू और हिन्दी भाषा का अच्छा ज्ञान था। उन्हें संगीत और ज्योतिष का भी ज्ञान था। उनके लिखे और गाये गीत भोजपुरी समाज से लेकर पूरे उत्तर भारत में प्रसिद्ध हैं। उन्हें 'पूर्वी गीत' का सम्राट कहा जाता है। 'अवध नगरिया से अइले बरियतिया, सुनु रे सजनी, जनक नगरिया भइले शोर सुनु रे सजनी, सखी हो प्रेम नगरिया हमरो छुटल जात बा, जियरा मोर डेरात बा ना, सास मोरे मारे रामा बाँस के छिऊँकिया से ननदिया मोरी रे, सुसकत पनिया के जायेऽ, केहू गोदवाई हो गोदनमा, आधी-आधी रतिया के कुहुके कोयलिया राम, बैरिनिया भइले ना, मोरा अँखिया के निन्दिया से बैरिनिया भइले ना, पनिया के जहाज से पलटनिया बनि अइहा पिया, सासू ननदिया मिलिके कइली झगरबा पिया लेके अलगे रहब, ननदी के बोलिया ना सोहात, खेलत रहलीं हम सिपुली मउनिया ए ननदिया मोरी हे, आई गइले डोलिया कहार' आदि महेन्द्र मिश्र के दर्जनों गीत और भजन प्रचलित हैं। उनके अधिकांश गीत लोकगायिका शारदा सिंहा और भरत शर्मा, चन्दन तिवारी एवं भोजपुरी के नामी गायकों ने गाया है। भोजपुरी क्षेत्र में महेन्द्र मिश्र 'महीन्दर मिसिर' के नाम से मशहूर हैं। उन्होंने अपने गीतों की छोटी-छोटी पुस्तिकाएँ और एक रामायण लिखीं, जो 'महेन्द्र मंजरी, महेन्द्र चन्द्रिका, महेन्द्र मंगल, महेन्द्र प्रभाकर, दिवाकर' आदि नामों से प्रकाशित हुई थीं। राम और कृष्ण कथा पर उनके खण्डकाव्य 'अपूर्व रामायण, भागवत दशम् स्कन्ध और भीष्म प्रतिज्ञा' के नाम से प्रकाशित हैं।

भिखारी ठाकुर नाच-मण्डली के मशहूर कलाकार शिवबालक बारी और उनके छोटे भाई शिवलाल बारी भी संयोग से महीन्दर मिसिर के गाँव काही मिश्रौलिया के ही थे–बिल्कुल उनके पास का पड़ोसी। उनके पिता कारी बारी महीन्दर मिसिर के नौकर थे। नाच के बाद बचे समय में ये दोनों भाई महीन्दर मिसिर के खेतों में मजदूरी का काम करते थे। मैंने वहाँ दो-दो बार भ्रमण किया था। जब मैं शिवलाल बारी के यहाँ गया, तो महीन्दर मिसिर के घर पर भी गया। उस कोठरी को भी देखा, जहाँ मिसिर जी हारमोनियम में छुपाकर नकली नोट छापा करते थे और उस छोटे-से शिव मन्दिर को भी देखा, जो उसके बगल में था। उनके पोते श्री रामनाथ मिश्र से खूब बातचीत हुई। उन्होंने नोट छापने का वह पुराना साँचा भी दिखाया। उन्होंने बताया कि "कारी के दोनों

बेटे शिवबालक और शिवलाल भिखारी ठाकुर की नाच-पार्टी में रहते थे।" 'बिदेसिया' में 'बटोही' की मार्मिक भूमिका शिवबालक बारी ही निभाते थे। उनके मरने के बाद छोटे भाई शिवलाल और अन्य कलाकार भी निभाने लगे। हमारे कॉलेज के उक्त समारोह मे 'बटोही' की भूमिका शिवलाल बारी ने ही निभायी थी।

रामनाथ मिश्र ने आगे बताया–"नाच-साटा के समय कभी-कभी भिखारी ठाकुर अपने कलाकारों से मिलने आते थे। जब आते थे, तो बाबा (मिसिरजी) से भी मिल लेते थे। वे हमारे चबूतरा पर नहीं बैठते थे। दूर से ही बाबा को प्रणाम कर जमीन पर बैठ जाते थे। उस समय जाति-पाति का बड़ा ख्याल रखा जाता था। नीच जातिवाले ऊँची जाति के लोगों के सामने नहीं बैठते थे। भिखारी ठाकुर इसका बड़ा ध्यान रखते थे। उसके बाद वे कारी के घर चले जाते थे और वहीं खाना खाते और रात्रि विश्राम करते थे। कभी-कभी चौमासे (सावन-भादो) में अपने समाजी के साथ नाच का अभ्यास भी करते थे। पर कारी (शिवबालक के पिता) के घर पर ही। असल में उन दिनों लोग 'नाच-तमाशा' को अच्छी दृष्टि से नहीं देखते थे। इसीलिए भिखारी ठाकुर को भी उतना सम्मान नहीं था। बाद में उनका 'नाच' मशहूर हो गया, तो उनका आना-जाना भी छूट गया।"

इस प्रकार भिखारी ठाकुर और महीन्दर मिसिर में दोस्ताना सम्बन्ध नहीं था। महीन्दर मिसिर के पिता ज़मींदार थे। उनके यहाँ शास्त्रीय संगीत के गुरु और कलाकार आते-जाते रहते थे। महीन्दर मिसिर ने विधिवत शास्त्रीय संगीत सीखा था। यह अलग बात है कि उन्होंने भोजपुरी में ही लोकगीत बनाया और गाया। बचपन से ही उनकी आवाज बहुत अच्छी थी। जबकि भिखारी ठाकुर को इसकी कोई ज़रूरत नहीं पड़ी। वे लोककलाकार थे, शास्त्रीय नहीं, सुगम संगीत के ज्ञाता, जिसके लिए किसी शिक्षा या अभ्यास की ज़रूरत नहीं होती है। किन्तु दोनों अपने गीत खुद ही लिखते और गाते थे। महीन्दर मिसिर रईस और रसिक मिजाजी थे। वे सिल्क का कुर्ता और सोने का हार पहनते थे और सजीला जवान बनकर मुज़फ़्फ़रपुर और छपरा के कोठों पर जाते थे। वे तवायफों को अपना गीत देते और उन्हें सिखाते भी थे। तवायफें भी उन पर फिदा रहती थीं। उन्होंने सारण (छपरा) के बड़े ज़मींदार हलिवन्त सहाय के लिए मुज़फ़्फ़रपुर से उस जमाने की मशहूर तवायफ और नर्त्तकी ढेलाबाई का अपहरण किया था, जिसके साथ बाद में उनकी दोस्ती हो गयी और उनका अन्तिम समय वहीं बीता। ढेलाबाई की ही हवेली के शिव-मन्दिर में उनकी मृत्यु हो गयी। भिखारी ठाकुर की जिन्दगी ग़रीबी और जीने के संघर्ष में बीती। बाद में नाच की कमाई से स्थिति में थोड़ा सुधार आया, जबकि महीन्दर मिसिर रईसी और मौज-मस्ती में ही रमे रहे।

दोनों में एक समानता थी कि आरम्भिक दिनों में दोनों कलकत्ता चले गये। भिखारी ठाकुर रोजी-रोटी के लिए गये और 1917 में वहाँ से नाच-गान और रामायण सीख कर लौट आये। महीन्दर मिसिर गये, तो वहाँ से नकली नोट छापने की कला सीखकर आये और घर पर रहकर नकली नोट छापने लगे। इससे उनकी भारी कमाई हुई। लेकिन यह सब 1920 के बाद ही हुआ, जब दोनों अपने-अपने क्षेत्र में जम चुके थे। उसके बाद महीन्दर मिसिर पकड़े गये और वर्ष 1924 से 1934 तक दस वर्षों की सजा काटते हुए बक्सर जेल में रहे। लोग कहते हैं कि उन्हें पाँच-छह वर्षों के बाद ही सजा से माफी मिल गयी। किन्तु जेल से लौटने के बाद वे पहले की तरह ख़ुश नहीं रहे। उनका रुझान धर्म-आध्यात्म की ओर हो गया। उन्होंने भोजपुरी में रामायण और कृष्ण कथा आदि की रचना की। फिर वर्ष 1946 में उनकी मृत्यु हो गयी। उन्हें एक साथ रहने का मौका ही कहाँ मिला? लेकिन महीन्दर मिसिर और भिखारी ठाकुर दोनों ने केवल भक्ति और श्रृंगार के गीत लिखे, देशभक्ति के नहीं। महीन्दर मिसिर के परिजनों से प्राप्त साक्ष्य, उनके घर पर रखे महेन्द्र मिश्र के तैल-चित्र, जलालपुर चौक पर लगी उनकी प्रतीमा और उन पर किये गये शोध-कार्यों में भी महेन्द्र मिश्र की जन्मतिथि 16 मार्च 1886 ही है, किन्तु भिखारी ठाकुर और 'बटोहिया' गीत के रचनाकार प्रसिद्ध कवि रघुवीर नारायण आदि पर उनके प्रभाव को दिखाने के लिए कुछ विद्वान महेन्द्र मिश्र को उनसे 20-22 साल बड़ा दिखाते हैं। वे उनका जन्म 1865 बताते हैं, जिसका कोई ठोस प्रमाण नहीं है।

किन्तु जो लोग कहते हैं कि महीन्दर मिसिर ने भिखारी ठाकुर को गीत और वाद्य सिखाया, उन्हें सोचना चाहिए कि यदि ऐसा होता, तो भिखारी ठाकुर अपनी रचनाओं में इसकी चर्चा अवश्य करते। उन्होंने 'ककहरा' सिखानेवाले भगवान साह बनिया, रामगीत का पाठ पढ़ानेवाले अपने ही गाँव के बाबू हरिनन्दन सिंह, रामायण का सत्संग सिखानेवाले बाबू रामानन्द सिंह और गीतों की मात्रा की गणना सिखानेवाले नेकनाम टोला के हजाम रामसेवक ठाकुर का नाम लिया है, तो महीन्दर मिसिर की चर्चा क्यों नहीं करते? महीन्दर मिसिर ने भी अपनी रचनाओं में कहीं भिखारी ठाकुर का नाम नहीं लिया है। वैसे तो महीन्दर मिसिर कई वाद्य-यन्त्रों के ज्ञाता थे, किन्तु जब वे कलकत्ता से लौटे, तो घर पर हारमोनियम ही बजाते थे और उसी हारमोनियम के बक्से में नकली नोट छापनेवाले साँचे और सामान छुपाकर रखते और रात में उसी बहाने नकली नोट छापते थे। उधर जब भिखारी ठाकुर ने अपना नाच शुरू किया, तो हारमोनियम का प्रचलन नहीं था। इसीलिए उनके नाच में हारमोनियम के बदले सारंगी होता था। बाद में जब हारमोनियम का प्रचलन हुआ, तो भिखारी ठाकुर ने

अपने तमाशे में हारमोनियम को भी शामिल कर लिया। जिस समय महीन्दर मिसिर नोट छाप रहे थे, उस समय भिखारी ठाकुर का नाच प्रसिद्ध हो चुका था। इससे भी स्पष्ट होता है कि भिखारी ठाकुर ने महीन्दर मिसिर से कुछ सीखा नहीं होगा।

सच पूछा जाये, तो बिदेसिया, पूर्वी और निर्गुण की परम्परा भोजपुरी में पहले से थी, जिन्हें महीन्दर मिसिर, रघुवीर नारायण और भिखारी ठाकुर ने परवान चढ़ाया। नाच-गान लोकप्रिय कला तो अवश्य थे, किन्तु इसके कलाकारों को उन दिनों परिजन अच्छी दृष्टि से नहीं देखते थे। इसीलिए भिखारी ठाकुर को जहाँ-तहाँ छुप-छुप कर अपने नाच-गान का अभ्यास और रिहर्सल करना पड़ता था। किन्तु उन्होंने महीन्दर मिसिर के गाँव मिश्रौलिया में अपनी नाच-पार्टी के कलाकार शिवबालक बारी के यहाँ नाच का अभ्यास कभी नहीं किया। संजीव ने अपने उपन्यास 'सूत्रधार' में भिखारी ठाकुर और महीन्दर मिसिर का दो बार मिलन दिखाया है। पहली बार जब भिखारी ठाकुर अपने नाच 'बेटी बेचवा (बेटी वियोग) के प्रदर्शन में लोगों के विरोध के कारण चन्दनपुर से उनसे मिलने उनके घर पर गये। वहाँ मिसिरजी ने अपने शिव-मन्दिर में बिठा लिया और गीत-गवनई का कार्यक्रम हुआ, जिसमें भिखारी ठाकुर ने भी एक-दो गीत गाये। भिखारी जब जाने लगे, तो महीन्दर मिसिर ने कहा कि "मन न भरल, 'गोदना सेमरिया' के मेला में आवऽ, उहमें गीत-गवनई होई" अगली बार वे वहाँ गये। पर वहाँ भिखारी ने अपने आपको उपेक्षित महसूस किया। वे तुरत ही लौट आये। इसके बाद महीन्दर मिश्र से कभी मुलाकात नहीं हुई।

भिखारी ठाकुर ने समाज के उपेक्षित एवं दलित-शोषित वर्ग से ही कलावन्त लोगों का चयन किया। उन्होंने अपने कलाकारों को अभिनय, गायन एवं वादन का विधिवत् प्रशिक्षण दिया। वर्ष के दो माह–सावन और भादो कलाकारों के अभ्यास के लिए निर्धारित थे। सभी गायक, वादक, और नर्त्तक निर्धारित स्थान पर इकट्टे होते थे और भिखारी ठाकुर के निर्देशन में कड़ा प्रशिक्षण प्राप्त करते थे। यह स्थान मुख्य रूप से सारण जिला स्थित चन्दनपुर गाँव में भिखारी नाटक के कलाकार बाबूलाल ठाकुर का दालान होता था। भिखारी के अधिकांश नाटक यहीं से मंचन के लिए तैयार हुए थे। उनके अभ्यास और रिहर्सल का एक अड्डा रामचन्द्र माँझी का गाँव तिजारपुर भी था। चन्दनपुर, तिजारपुर, मिश्रौलिया, श्रीपुर, इटहिया आदि आसपास के पड़ोसी गाँव हैं, जहाँ भिखारी ठाकुर नाच के अधिकांश कलाकार रहते थे। अभ्यास के लिए बाद में वे उस्ताद रखने लगे। आज न भिखारी ठाकुर हैं, न महिन्दर मिसिर, न शिवबालक बारी और न शिवलाल बारी, केवल वह धरती है, जहाँ वे पैदा हुए थे। लेकिन आज भी उनकी जन्मभूमि और कर्मभूमि से उनकी कला की गूँज सुनायी पड़ती है।

'बटोहिया' के कवि रघुवीर नारायण

रघुवीर नारायण का जन्म 31 अक्टुबर 1884 को छपरा के निकट दहियावाँ गाँव में हुआ था। यह गाँव भी भिखारी ठाकुर के गाँव से अधिक दूर नहीं है। वे काफ़ी पढ़े-लिखे व्यक्ति थे। उनकी शिक्षा छपरा के जिला स्कूल और पटना विश्वविद्यालय से हुई थी। उन्होंने नौकरी नहीं की, आज़ादी की लड़ाई में भाग लिया और भोजपुरी में गीत लिखते रहे। उनका प्रसिद्ध देशभक्ति गीत है–

'सुन्दर सुभूमि भैया भारत के देसवा से,
मोर प्राण बसे हिम-खोह रे बटोहिया।
एक ओर घेरे रामा हिम-कोतवलवा से,
तीन द्वार सिन्धु घहरावे रे बटोहिया।
गंगा रे जमुनमा के निरमल पनिया से,
सरजू झमकि लहरावे रे बटोहिया।
तोता-तूती बोले रामा बोले भृंगरजवा से,
पपीहा के पी-पी जिया साले रे बटोहिया।
सीता के बिमल जस, राम जस कृष्ण जस,
मोरे बाप-दादा के कहानी रे बटोहिया।'

वर्ष 1911 में लिखा गया यह गीत बहुत लम्बा है, जिसमें भारतीय संस्कृति का पूरा इतिहास समा गया है। इसी गीत ने रघुवीर नारायण को प्रसिद्धि दिलायी। हिन्दी क्षेत्र में यह आज़ादी की लड़ाई का तराना बन गया था। उनके काव्य संकलन के नाम हैं–'रघुवीर पत्र-पुष्प, रघुवीर रसरंग, रम्भा (खण्ड काव्य, अप्रकाशित)'। उन्हें बिहार सरकार से 1952-53 का 'साहित्यसेवी पुरस्कार' भी मिला था। लेकिन देशप्रेम, भक्ति और श्रृंगार के गीत लिखनेवाले इस भोजपुरी कवि को अचानक जीवन से विरक्ति हो गयी और वर्ष 1940 के बाद उन्होंने संन्यासी का जीवन बिताया। जनवरी 1955 में 70 वर्ष की अवस्था में उनकी मृत्यु हो गयी।

'फिरंगिया' के कवि मनोरंजन प्रसाद सिंह

राजेन्द्र कॉलेज छपरा के प्राचार्य और हिन्दी विद्यापीठ देवघर के कुलपति रहे प्रो. मनोरंजन प्रसाद सिंह हिन्दी और भोजपुरी के अच्छे कवि थे। छपरा कॉलेज में उनके साथ आचार्य शिवपूजन सहाय भी प्राध्यापक बनकर आये। उन्होंने 'बिदेसिया' और 'बटोहिया' की तर्ज पर अपना चर्चित भोजपुरी गीत 'फिरंगियाँ' लिखा, जो काफ़ी चर्चित हुआ। उन्होंने सुभद्रा कुमारी चौहान के गीत 'लक्ष्मीबाई' (खूब लड़ी मर्दानी)

की तर्ज पर 'सब कहते हैं कुँवर सिंह भी बड़ा वीर मर्दाना था' हिन्दी गीत लिखा था। गांधी जी के असहयोग आन्दोलन की सभाओं में 'बटोहिया' की तरह 'फिरंगियाँ' गीत भी खूब गाये जाते थे। वे भिखारी ठाकुर के समकालीन थे और उनके सम्पर्क में भी रहते थे। उन्होंने भिखारी ठाकुर पर छिटपुट आलेख भी लिखे हैं। वे भिखारी ठाकुर से छोटे थे। उनका जन्म वर्ष 1900 में शाहाबाद जिले के डुमराव में हुआ था। उनकी मृत्यु भिखारी ठाकुर की मृत्यु के तीन महीने बाद, नवम्बर 1971 में हुई। वे स्वतन्त्रता सेनानी भी रहे और असहयोग आन्दोलन में भाग लिया। 'फिरंगियाँ' गीत उन्होंने 1919 के 'जालियांवाला बाग' हत्याकाण्ड की प्रतिक्रिया में लिखा था। उसकी कुछ पंक्तियाँ इस प्रकार है–

'सुन्दर सुघर भूमि भारत के रहे रामा,
आज इहे भइलऽ मसान रे फिरंगियाँ।
भारत के छाती पर भारत के बचवन के,
बहतऽ रकतवा के धार रे फिरंगियाँ।
अन्न धन जल बल बुद्धि सब नाश भइले,
कौनो के न रहल निसान रे फिरंगियाँ।
स्वाभिमान लोगन के नामो के रहल नाही,
ठकुरसुहाती बोले बात रे फिरंगियाँ।
दिन-रात करेले ख़ुशामद सहेबवा के,
चाटेला बिदेसिया के लात रे फिरंगियाँ।'

मुनिया (सुन्दरी) बाई व दुनिया बाई

बिहार के सिवान-गोपालगंज जिले में मुनिया बाई और दुनिया बाई दो सगी बहने थीं। मुनिया बाई को 'सुन्दरी बाई' भी कहते हैं, क्योंकि वह अपने नाचों में 'प्यारी सुन्दरी' का पाठ करती थी। लखनऊ से आकर वे हथुआ राज के दरबार में नाचने लगीं। राजा ने ख़ुश होकर उन्हें गोपालगंज के मीरगंज के 'बड़वाँ' गाँव में कुछ जमीनें दे दी। वे वहीं बस गयीं-उमराव जान की परम्परा वाली तवायफें। वे जितनी सुन्दर थीं, उतनी ही कलावन्त भी- उत्कृष्ट नर्त्तकी, अभिनेत्री और कवयित्री भी। उसके पूर्वज मुगलों के साथ ईरान से दिल्ली दरबार में आये थे। जब दिल्ली दरबार बिखरने लगा, तो वे लखनऊ के कलाप्रेमी नवाब के पास चले आये। पर अंग्रेज़ों के जुल्म से लखनऊ दरबार भी खत्म होने लगा, तो वे हथुआ महाराज की शरण में आ गयीं। नाच-गान उनका खानदानी पेशा था।

मुनिया और दुनिया बाई ने दुनिया देखी थीं। उन्होंने अपने माता-पिता, दादा-दादी के जमाने से मुगल साम्राज्य को बिखरते हुए देखा और ब्रिटिश सरकार को भी। उन्होंने 1857 के गदर की मार से भागते हुए राजघरानों और परिवारों को भी देखा था। फिर ग़रीबी और टैक्स की मार से पेट की भूख मिटाने के लिए कलकत्ता, बंगाल, मॉरिशस, फिज़ी, गुआना जाते किसान-मजदूरों को भी और पति के वियोग में जार-बेजार रोती अकेली पत्नियों को भी। दोनों बहनों ने अपनी देखी और भोगी विरह-वेदना और दुखों को एक गीतिकाव्य का रूप दे दिया। यही गीत-रूपक था–'प्यारी सुन्दरी वियोग'। उर्दू-हिन्दी ग़ज़ल और गीतों की यह कथा भोजपुरी क्षेत्र में फैल गयी। कहा जाता है कि 1880-90 के दशक में इस क्षेत्र में उनकी धूम मची हुई थी। दोनों बहनें नाटक करके इस विरह काव्य को गाती थीं। सुन्दरी (मुनिया) बाई पति के वियोग में रोती-बिसुरती पत्नी 'प्यारी सुन्दरी' बनती थी और दुनिया बाई उसकी सहेली, सहनायिका या खलनायिका, उसके परदेशी पति की रखैल। प्यारी सुन्दरी का परेदशी पति कोई पुरुष पात्र बनता था। भिखारी ठाकुर पर प्रथम शोध करनेवाले प्रो. तैयब हुसैन उसी क्षेत्र के रहनेवाले हैं। उनके अनुसार–"हाली और जब्बार दो पुरुष कलाकार थे, जो परदेशी पति या अन्य पुरुष पात्रों की भूमिका निभाते थे। अन्य पुरुष कलाकारों में टेंगरी तबला और ग़ज़ल मियाँ सारंगी बजाता था। झपसी और तपसी दो मशालची थे, जो नाच के दौरान सुन्दरी बाई, दुनिया बाई और अन्य कलाकारों के चेहरे पर उजाला करने के लिए उनके साथ-साथ चलते थे। तब गैसबत्ती या पेट्रोमेक्स नहीं था।" (भिखारी ठाकुर: अनगढ़ हीरा)

कहते हैं 'प्यारी सुन्दरी वियोग' के विरह गीत और तमाशे ने हथुआ दरबार से लेकर सिवान-गोपालगंज क्षेत्र में रास-रंग और विरह-वेदना की लहर पैदा कर दी थी। विरह रसधारा की इसी धरती ने संगीतकार चित्रगुप्त, नाच-गाना रचनेवाले रसूल मियाँ और 'सुन्दरी विलाप' के कवि रामसकल पाठक 'द्विजराम' को जन्म दिया था। भिखारी ठाकुर को जब इसकी भनक मिली, तो कहा जाता है कि युवक भिखारी 1922 के आस-पास सुन्दरी बाई और दुनिया बाई की खोज में निकल पड़े- मीरगंज। खोजते-खोजते उनके घर गोपालगंज तक पहुँच गये। वहाँ सुन्दरी बाई और दुनिया बाई तो नहीं मिली, एक बूढ़े पण्डितजी मिल गये। उन्होंने भिखारी ठाकुर का नाम सुना था। वे भी कलावन्त थे। इसीलिए नाऊ ठाकुर जानकर भी भिखारी ठाकुर को उचित आसन और सम्मान दिया। भिखारी ठाकुर की जिज्ञासा पर बूढ़े ब्राह्मण ने बताया–"सुन्दरी बाई और उसकी बहन दुनिया बाई रहती तो यहीं थीं। पर अब वह कहाँ है, इसका पता नहीं। सम्भव है किसी राजा, ज़मींदार या किसी अंग्रेज़ बहादुर के

यहाँ मर-खप गयी हो।" भिखारी को धक-सा लगा। 'आप उन्हें जानते हैं बाबा?'– भिखारी ने पूछा। 'हाँ, जानता हूँ। मैं उनका तबलची था। उन्हीं के चलते तबला सीखा, तबलची बना। जानता था वे मुझे कभी नहीं मिल सकती, लेकिन कोई सुन्दर-सी मूरत नाचती हो आँखों के सामने, मेरे तबले की ताल पर, बस इती-सी तसल्ली थी। और हुनर देखो, आत्मा की जिस तड़प को कोई नहीं पकड़ पाया, उसे पकड़ा इन दोनों बहनों ने। नाटक रचा- 'प्यारी सुन्दरी वियोग'।" ('सूत्रधार', संजीव) यदि यह उपन्यासकार की कल्पना है, तो भी बड़ा उपयोगी है। सम्भव है बूढ़े ब्राह्मण सुन्दरी बाई की पार्टी के बाद के कलाकार हों। भिखारी को लगा यह तो मेरा 'बहरा बहार' ही है। पर यह अधूरा है। इसे और माँजना होगा। और तब बना 'बिदेसिया' का अमर विरह-काव्य।

इस प्रकार मुनिया (सुन्दरी) बाई और दुनिया बाई इस भोजपुरी क्षेत्र में मिथक और इतिहास का मिलाजुला रूप है। उनकी कोई प्रामाणिक जीवनी उपलब्ध नहीं है। उनके नाम पर मौखिक परम्परा में 'प्यारी सुन्दरी वियोग' के कुछ गीत मिलते हैं। उनमें नायिका के विरह-वियोग, ननद-भौजाई के हास-परिहास, राधा-कृष्ण के प्रेम आदि की झलक है। कुछ उदाहरण द्रष्टव्य है:–

"सुन्दरी (नायिका:

आम बगइचा घने बाग, ताहि बीच डगर लगी हो।
अमवा के डाढ़ि धइले ठाढ़ि, नयनमा से नीर ढरे हो।।

बटोही:

बाट ले पूछे पूछला बटोहिया, काहे धनि ठाढ़ि भई हो।
केकर जोहेलू बाट, नयनमा से नीर ढरे हो।।
सूप-भर लेई धन सोनमा, मोतियन माँग भरा हो।
तजिदऽ बिअहुआ के आस, तू हमरा संग चला हो।।

सुन्दरी:

आग लगइबो तोर सोनमा, मोतियन बजर पड़ो हो।
कबहूँ लवटिहे निरमोहिया, ईहे टेक पड़ो हो।।

भौजाई:

काहे लागी बाबा मोरे पोखरा खोनवले।
हाय-हाय पोखरा खोनवले, ए ननदिया मोरी रे!
काहे ला बँधवले चारो घाट, ए ननदिया मोरी रे!

ननद:

तिसिया का तेलवा में मथवा बन्हवले, ए भउजिया मोरी रे!
केसिया गइले लटिआय, ए भउजिया मोरी रे!"

ननद-भौजाई के उक्त संवाद में भौजी पूछती है कि बाबा ने पोखरा क्यों खोनवाया? ननद जवाब देती है कि तीसी के तेल से जूड़ा बँधवायी। सारे केश लपटा गये। इसीलिए पोखरा खनवाया कि उसमें नहाकर बाल धो लेगी। इसी प्रकार सुन्दरी बाई ने राधा-कृष्ण के प्रेम का चित्रण किया है। मथुरा से कृष्ण का सन्देशा लेकर सखा उद्धव विरह-वियोग में पड़ी राधा और गोपियों को समझाने आते हैं। राधा कहती हैं-

"का परदेसी के प्रीति, फूस के तापल ए ऊधो!
होइतो में जल के मछरिया, जलहि बीच रहती ए ऊधो!
हरि मोर जइते असनान, चरण लपटइती ए ऊधो!
होइतो में वन के कोइलिया, वनहि बीच रहती ए ऊधो!
हरि मोरा जइते सिकार, सबद सुनइती ए ऊधो!"

लेकिन ऐसे गीत और संवाद लोकगीतों में बहुत पहले से मिलते हैं। भिखारी ठाकुर पर निश्चय ही ऐसी मौखिक परम्परा का प्रभाव पड़ा है। जिस प्रकार तुलसीदास ने लिखा 'नाना पुराण निगमागम सम्मतम्', उसी प्रकार भिखारी ठाकुर ने भी लिखा है–

"नाच तमाशा कीर्तन जेते। होखत बा सब जग मँह तेते।।
नावत बानी सब कर माथा। चित देई सुनहु बिदेसिया काथा।"

अर्थात् संसार में बहुत सारे नाच, तमाशा और कीर्तन हैं। किन्तु सभी अलग-अलग हैं। मैं भी सबको प्रणाम कर अपनी 'बिदेसिया' कहानी कह रहा हूँ। मन लगाकर सुनिये, इसमें थोड़े ही में सब कुछ मिल जायेगा। यही भिखारी ठाकुर की मौलिकता है।

रामसकल पाठक 'द्विजराम'

भिखारी ठाकुर के पूर्ववर्ती या समकालीन एक कवि राम सकल पाठक 'द्विजराम' के एक विरह काव्य 'सुन्दरी विलाप' की चर्चा की जाती है। उसकी कुछ पंक्तियाँ भी मिलती हैं, पर न तो उस काव्य का कहीं अता-पता है और न उस कवि की प्रामाणिक जीवनी और अन्य रचनाओं का। भिखारी ठाकुर पर प्रथम शोध करनेवाले प्रो. तैयब हुसैन 'पीड़ित' ने उन्हें बक्सर के सहनीपट्टी मोहल्ले का निवासी बताया है और कहा है कि 'सुन्दरी विलाप' का प्रकाशन 1906 में मुज़फ़्फ़रपुर के किसी प्रेस से हुआ था। बिहार राष्ट्रभाषा परिषद् के पूर्व अध्यक्ष डॉ. बजरंग वर्मा ने भी कहा है कि इसका लेखन 1897 में और प्रकाशन 1906 में हुआ था। भिखारी ठाकुर के समकालीन और उन पर अध्ययन करनेवाले अविनाशचन्द्र विद्यार्थी के अनुसार

यह पुस्तक 1912 में छपी थी। किन्तु भिखारी ठाकुर की प्रथम जीवनी लिखनेवाले महेश्वराचार्य लिखते हैं कि 'सुन्दरी विलाप' का प्रकाशन 1919 में हुआ था। तब तक भिखारी ठाकुर का 'बिदेसिया' प्रकाश और प्रचार में आ चुका था। तैयब हुसैन 'प्यारी सुन्दरी वियोग' को 'सुन्दरी विलाप' से पहले की रचना मानते हैं। किन्तु महेश्वराचार्य उसके बाद की। उनके अनुसार बाद में श्रीनाथ शरण के नाम से सोलह और बीस भागों में 'बिदेसिया' का प्रकाशन हुआ, जिसके कई गीतों पर भिखारी ठाकुर का नाम दर्ज है।

निष्कर्षत: भगवती प्रसाद द्विवेदी ने कहा है कि "उपर्युक्त कृतियों, कृतिकारों व उनके प्रकाशन वर्ष के सम्बन्ध में विवाद हो सकता है, पर यह निर्विवाद सच है कि उनमें से कोई नाटक भिखारी ठाकुर का नहीं है। उनका 'बिदेसिया' नाटक पहले 'कलियुग बहार' के रूप में प्रस्फुटित हुआ, आगे चलकर 'बहरा बहार' और फिर अन्त में लोकप्रियता के शिखर पर पहुँचकर 1917 में 'बिदेसिया' के नाम से मशहूर हुआ" (भिखारी ठाकुर: भोजपुरी के भारतेन्दु, पृष्ठ-38) भिखारी ठाकुर के 'बिदेसिया' और 'द्विजराम' के 'सुन्दरी विलाप' में मौलिक अन्तर है। पहला नौटंकी शैली का 'संगीत रूपक' है, जिसमें गद्य संवाद भी है और प्रत्येक गीत के अन्त में भिखारी ठाकुर का नाम है। पर दूसरे में केवल गीत हैं, वह भी सम्पूर्णता में उपलब्ध नहीं है। उसके अन्त में किसी कवि का नाम नहीं है। दोनों ही रचनाएँ काव्यगुणों से सम्पन्न हैं। पर कौन पहले की है और कौन बाद की, इसका निर्णय बड़ा कठिन है। फिलहाल 'सुन्दरी विलाप' की कुछ पंक्तियों को देखें–

'ओठवा त हउए रामा कतरल पनमा से, नकवा सुगनमा के ठोर रे बिदेसिया।
गौना कराइ सैंया घरे बइठवले से, अपने गइले परदेस रे बिदेसिया।
चढ़ली जबनिया बैरिन भइली हमरी से, केई मोरा हरिहें कलेस रे बिदेसिया।
उमकि के चढ़ी रामा अपना अटरिया से, चारू ओर चितई चिहाई रे बिदेसिया।
कतहूँ ना देखीं रामा सैंया के सुरतिया से, जियरा गइल मुरझाइ रे बिदेसिया।
अमवा मोजरि गइले, लगले टिकोरवा से, दिन पर दिन पियराई रे बिदेसिया।
एक दिन बही रामा, पूरबी बेयरिया से, डाढ़-पात जाई भहराई रे बिदेसिया।'

इसके विपरीत भिखारी ठाकुर के 'बिदेसिया' के गीतों को देखें, तो अन्तर स्पष्ट नजर आ जाता हैं:–

'करिया ना गोर बाटे, लामा नाही हउअन नाटे, मझिला जवान साम सुन्दर बटोहिया।
घुठी पर ले धोती कोर, नकिया सुगा के ठोर, सिर पर टोपी छाती चाकर बटोहिया।

'कायापुर घर हउए, पानी के बनावल गउए, अचरज अकथ कहानी हो बिदेसिया।
चलली बहरवा से, कनमा परल मोरा, सती के विपति के मोटरिया बिदेसिया।
मोरवा मचावे जइसे, सोरवा गरज सुनि, प्यारी छटपटाली राही देखि के बिदेसिया।
छोड़िकर घरवा के, बहरी ओसरवा में, जल बिनु मछरी के हलिया बिदेसिया।
फुलवा सरिस, जगदीश जी बनाइ कर, पति के वियोग देई दिहलन बिदेसिया।
सुनिकर कनमा में, गुनिकर मनमा में, कहत 'भिखारी' घरे चलि जा बिदेसिया।'

दोनों ही रचनाएँ काव्य गुणों से भरपूर हैं। रस, छन्द, अलंकार, बिम्ब और प्रतीकों की छटा देखने लायक है। वियोग–शृंगार दोनों ही रचनाओं में चरम पर है। किन्तु द्विजराम पाठक की रचना में जहाँ साहित्य के शास्त्रीय गुण अधिक हैं, वहीं भिखारी ठाकुर की रचना लोकाश्रित प्रतीक और बिम्बों से सुसज्जित है। पान, सुगना, अटारी, आम, टिकोरा आदि सम्पन्न घरानों के उपमा और प्रतिमान हैं, जो सूर और जायसी के विरह काव्य में अधिक हैं। जबकि भिखारी ठाकुर के उपमान और प्रतीक कायापुर, घर, ओसारा, पानी, विपत्ति, मोटरी, मोर, मछरी, फूल आदि सामान्य और सर्वहारा समाज के उपमान, बिम्ब, प्रतीक और रूपक हैं, जो कबीर काव्य के करीब हैं। कबीर ने आत्मा-परमात्मा के विरह-मिलन को ऐसे ही सामान्य उपमान और प्रतीकों से चित्रित किया है। कला और साहित्य मुख्य रूप से सामन्ती और शिष्ट घरानों से आये हैं, जिनका उद्देश्य मुख्य रूप से मनोरंजन और हास-विलास है। पर कबीर या भिखारी ठाकुर जैसे कवि-कलाकार इसे सामान्य जनों से जोड़ देते हैं। उनमें शृंगार और रसोद्रेक तो है, पर केवल मनोरंजन और हास-विलास नहीं है। तुलसी और जायसी दोनों ने अपने महाकाव्य अवधी भाषा में लिखे। पर तुलसी की भाषा परिष्कृत अवधी है, और जायसी की ठेठ अवधी, जो आम जनता के बीच बोली जाती है। उसी प्रकार महेन्द्र मिश्र और 'द्विजराम' की भोजपुरी है, जो पढ़े-लिखे और बुद्धिजीवी समाज में बोली जाती है। पर भिखारी ठाकुर की भाषा ठेठ भोजपुरी है, जो आम जनता की ज़बान है।

महेश्वराचार्य

भिखारी ठाकुर पर सर्वप्रथम आलेख और पुस्तक लिखनेवाले महेश्वराचार्य ही थे। पहले वे महेश्वर प्रसाद के नाम से लिखते थे। फिर साधु-सन्तों की संगति और उच्च शिक्षा प्राप्त करने के बाद उन्होंने नाम के साथ आचार्य लगाना शुरू किया, जिससे वे महेश्वराचार्य बन गये। वे भिखारी ठाकुर से बहुत छोटे थे और उन्हीं के क्षेत्र के कवि और साहित्यकार थे। उन्होंने हिन्दी और भोजपुरी दोनों ही भाषाओं में रचनाएँ की हैं।

उनकी कई रचनाएँ विश्वविद्यालयों के भोजपुरी के पाठ्यक्रम में भी शामिल हैं। उन्होंने 1935 से लिखना शुरू किया। लेकिन भिखारी पर उन्होंने 1944 से लिखा। भिखारी ठाकुर पर उनके छिट-पुट आलेख और समीक्षात्मक निबन्ध उस जमाने की चर्चित पत्र-पत्रिकाओं 'चाँद, माधुरी, सरस्वती, विशाल भारत, प्रताप, सन्मार्ग, आर्य महिला' आदि में प्रकाशित हुए थे, जहाँ से उनकी अन्य रचनाएँ छपती थीं। उन्हीं आलेखों को संशोधित-परिवर्द्धित करके उन्होंने 1950 में भोजपुरी में एक पुस्तक लिखी–'भिखारी ठाकुर'। इस पुस्तक को 'चाँद' प्रेस के अध्यक्ष को छपने के लिए दिया गया। किन्तु जब 1962 तक पुस्तक नहीं छपी, तो उन्होंने पाण्डुलिपि वापस लेकर पटना के 'भोजपुरी परिवार' के अध्यक्ष और संचालक पाण्डेय नर्मदेश्वर सहाय को दे दी। 'अँजोर' पत्रिका के सहायक सम्पादक अविनाश चन्द्र विद्यार्थी और आचार्य शिवपूजन सहाय आदि के प्रयास से वह पुस्तक भिखारी ठाकुर के जीवन काल में ही 1964 में प्रकाशित हो गयी। भिखारी ठाकुर के व्यक्तित्व और कृतित्व पर यह पहली पुस्तक थी।

भिखारी ठाकुर इस पुस्तक को देखकर बड़े प्रसन्न हुए। भिखारी ठाकुर और महेश्वराचार्य में लेखन के कारण निकट सम्बन्ध हो गया था। दोनों एक-दूसरे के यहाँ आते-जाते थे। भिखारी ठाकुर से लेखन में उन्हें प्रचुर सामग्री और सहयोग मिले। भिखारी ठाकुर के निधन के बाद वर्ष 1978 में महेश्वराचार्य ने भिखारी ठाकुर पर और विस्तृत और संशोधित पुस्तक लिखी–'भिखारी', जो 'लोककलाकार भिखारी ठाकुर आश्रम, कुतुबपुर से प्रकाशित हुई। पहली पुस्तक महेश्वर प्रसाद के नाम से थी, दूसरी पुस्तक महेश्वराचार्य के नाम से हो गयी। इस प्रकार महेश्वराचार्य ने भिखारी ठाकुर पर दो-दो पुस्तकें लिखीं, जो भिखारी पर लिखी पहली रचना बनीं। इसके पूर्व भी एक तीसरी पुस्तक 'भिखारी नाई' उनकी लिखी बतायी जाती है। लम्बे अन्तराल के बाद वर्ष 2003 में भिखारी ठाकुर के जीवन पर आधारित संजीव का चर्चित उपन्यास 'सूत्रधार' आया, फिर 2005 में बिहार राष्ट्रभाषा परिषद् से 'भिखारी ठाकुर रचनावली'।

महेश्वराचार्य का जन्म 20 अक्टुबर, 1919 को दिवाली के दिन भोजपुर जिला के भरौली गाँव में हुआ था और निधन 28 जून, 2011 मंगलवार को। वे जाति के सोनार थे। उनके पिता गेनाराम धार्मिक प्रवृत्ति के व्यक्ति थे। महेश्वराचार्य को धार्मिक संस्कार विरासत में मिले थे। वे अपने पिता की अकेली सन्तान थे। उसी प्रकार उनको भी एक ही पुत्र हुआ-राजनारायण प्रसाद। वे शिक्षक बने। पर उनको चार पुत्र और तीन पुत्रियाँ हुईं। इनमें से सबसे छोटे पुत्र का बीमारी के कारण निधन हो गया। बाकी सन्तानों में कोई सरकारी शिक्षक है, तो कोई व्यवसाय करता है। सबसे सक्रिय पुत्र सुरेश कुमार सरकारी उच्चतर माध्यमिक विद्यालय में शिक्षक हैं।

बनिया गुरु नाम भगवाना : भिखारी ठाकुर के गुरु और संगी-साथी

भिखारी ठाकुर ने अपने शिक्षा-गुरु का नाम भगवान साहू बनिया बताया है। मैंने भगवान साहू बनिया के नाम-ठिकानों की पड़ताल करने की कोशिश की। भिखारी ठाकुर के गाँव कुतुबपुर में उनका कोई ठोस प्रमाण और ठिकाना नहीं मिला। भिखारी ठाकुर के परपोते राकेश ठाकुर बताते हैं कि बाबा भिखारी के जमाने में गाँव में भगवान साह नाम के एक बनिया (कानू) का घर था। पर अब उनका परिवार वहाँ से विस्थापित होकर दूसरे गाँव कायम नगर में चले गये हैं। संजीव ने अपने उपन्यास 'सूत्रधार' में लिखा है कि मुज़फ़्फ़रपुर के जिस सरमस्तपुर गाँव में भिखारी ठाकुर का पहला नाच हुआ था, वह भिखारी के गुरु भगवान साह बनिया के रिश्तेदार का ही घर था। उस सट्टे को भगवान साह ने ही बँधवाया था। गाँव के रामानन्द सिंह, भगवान साह, ठग लोहार और कुछ बिन्द (मल्लाह), गोंड युवक भिखारी ठाकुर के बचपन के साथी और सहयोगी थे।

फिर भिखारी ठाकुर जहाँ किशोरावस्था और जवानी में कुछ वर्षों के लिए काम करने गये थे, गंगा इस पार के उस गाँव फपनपुर के आस-पास के लोगों ने कुछ दूसरी ही बात बतायी। उन दिनों भिखारी के गाँव कुतुबपुर और फपनपुर के बीच सरयु (घाघरा) नदी थी, जो गर्मियों में सूख जाती थी। इसीलिए इस पार से उस पार जाना आसान था। पर आज गंगा है। मेरे पूर्व के कार्यस्थल शिवदेनी राम अयोध्या प्रसाद कॉलेज, बारा चकिया (पूर्वी चम्पारण) के चतुर्थवर्गीय कर्मचारी सर्वेश्वर प्रसाद उसी इलाके के हैं। उन्होंने ऐसे लोगों से सम्पर्क कराया, जो भिखारी ठाकुर के गुरु भगवान साह बनिया को जानते हैं। उनका गाँव-घर छपरा से पूरब ग्राम पिरौना (गरखा) में मिला, जो भिखारी ठाकुर के प्रारम्भिक अस्थायी आवास फपनपुर गाँव के पास हैं। वहाँ के कुछ लोगों ने बताया कि भगवान साह बनिया इसी गाँव के थे।

मैंने उनके परिजनों से सम्पर्क किया। अपनी रचनाओं में भिखारी ठाकुर ने बार-बार उनकी चर्चा की है–

"बनिया गुरु नाम भगवाना। उहे ककहरा साथ पढ़ाना"
गाँवा-गाईं जाई, खाई चिट्टी नेवतनियाँ,
लिखे के सिखवलन भगवान साहू बनियाँ, लगनियाँ..."

फिर एक जनवरी 1965 को राँची के हिन्दी विभाग के प्रोफेसर रामसुहाग सिंह को दिये गये अपने पहले और अन्तिम इन्टरव्यू में यह पूछने पर कि आपकी शिक्षा किस श्रेणी तक हुई? भिखारी ठाकुर कहते हैं–"स्कूल में केवल ककहरा तक, मैंने एक वर्ष तक पढ़ा, लेकिन कुछ नहीं आया। भगवान नामक लड़के ने मुझे पढ़ाया।"

इस सम्बन्ध में तथाकथित भगवान साह बनिया के चचेरे पोते शिव नारायण साह, गाँव पिरौना (गरखा), जो भिखारी ठाकुर की एक नाच मण्डली भी चलाते हैं, ने कहा–"हमारे दादा स्व. भगवान साहू ही वह गुरु थे, जिन्होंने भिखारी बाबा को अक्षर ज्ञान कराया था। हमारा गाँव 'पिरौना' गंगा के इस पार है और भिखारी ठाकुर का 'कुतुबपुर' गाँव गंगा के उस पार। उस समय सभी गाँवों का एकमात्र बाज़ार छपरा ही था। भिखारी ठाकुर के पिताजी छपरा और आस-पास के गाँवों में भी आते रहते थे। ग़रीबी ऐसी थी कि सभी परिवारों को दो जून की रोटी मिलना मुश्किल था। कुछ ग़रीबी के कारण और कुछ गाँववालों की ज़रूरत और अनुरोध के कारण भिखारी ठाकुर अपने परिजनों के साथ कुछ दिनों के लिए हमारे गाँव के पास के गाँव फपनपुर-बहिसवारा चले आये। आधा परिवार कुतुबपुर और आधा फपनपुर में रहने लगा। उस गाँव और इलाके में हजाम का एक भी घर नहीं था। इसीलिए क्षेत्र के लोगों को हजामत करवाने एवं यज्ञ-त्योहार में काफ़ी दिक्कत होती थी। वे अपने साथ अपनी गायें भी लेते आये थे। हमारे गाँव और फपनपुर गाँव के बीच एक चारागाह था, जिसमें दोनों गाँवों के मवेशी चरते थे। भिखारी ठाकुर यहीं पर गाय चराने आते थे। हमारे दादा भगवान साहू भी उसी चारागाह में गाय चराते थे। वे भिखारी ठाकुर से थोड़े बड़े थे। वे स्कूल में पढ़ते भी थे। लेकिन भिखारी ठाकुर एक साल पढ़कर स्कूल छोड़ चुके थे। उनको लिखना-पढ़ना कुछ नहीं आया था।"

शिवनारायण जी आगे बताते हैं कि "मेरे बाबा भगवान साहू लोगों को यह कहानी सुनाते थे। गाय चराते-चराते दोनों में दोस्ती हो गयी। कुछ दिनों के बाद बालक भिखारी को उनके पिताजी ने पुश्तैनी काम दाढ़ी-बाल काटना भी सिखा दिया। वे माथ कमाने लगे और नेवता-चिट्टी लेकर यजमानों की रिश्तेदारी में जाने लगे। कई-कई चिट्टियाँ होती थी, जिन्हें पता देखकर छाँटना पड़ता था। लेकिन भिखारी

ठाकुर को पढ़ना नहीं आता था, इसीलिए उन्होंने मेरे दादा भगवान साहू से कहा कि 'मुझे भी पढ़ना-लिखना सिखा दो'। दादा ने उन्हें ककहरा से लेकर शब्द, मात्रा और वाक्य का ज्ञान करा दिया। वे उन्हें मित्र की तरह प्यारपूर्वक पढ़ाते थे, गुरु की तरह डाँट-फटकार नहीं करते थे। इसीलिए भिखारी दादा ने तुरत ही पढ़ना-लिखना सीख लिया। अब उन्होंने गाय चराना लगभग छोड़ दिया था। पूरा समय हजामत बनाने और चिट्ठी-नेवता पहुँचाने में ही लगाते थे। मेरे दादा ने भी तीसरी-चौथी के बाद पढ़ाई छोड़ दी और अपना पुश्तैनी पेशा हलवाई का काम करने लगे। दादा बताते थे कि कुछ दिनों के बाद भिखारी ठाकुर फिर अपने गाँव कुतुबपुर चले गये और फिर खड़गपुर। बीच-बीच में उनके परिजन लोगों की हजामत बनाने फपनपुर-बहिसवारा गाँव में भी आते थे और हमारे गाँव में भी।" भिखारी ठाकुर ने लिखा भी है–"रहे के परत नइखे जनम-असथनियाँ/ नगद-नारायन चाहीं रुपेया-अठनियाँ। लगनियाँ...।" भिखारी ठाकुर के पौत्र (उनके भाई बहोर ठाकुर के पोते) वेदप्रकाश ठाकुर भी प्रकारान्तर से इस बात की पुष्टि करते हैं। वे बताते हैं कि "हमलोगों के होश में फपनपुर के लोगों ने बाबा और चाचा से अपनी रेहन (बन्धक) की जमीन छुड़वायी थी। बाबा किशोरावस्था और जवानी में वहाँ हजामत ज़रूर कमाये, पर नाच की कमाई से जब थोड़े सम्पन्न हो गये, तो वहाँ के लोग बाबा से पैसे लेकर अपना खेत उन्हें रेहन (भरना) पर देने लगे।"

लेकिन भगवान साह भिखारी ठाकुर के गाँव के थे कि फपनपुर के- इसे प्रामाणिक तौर पर बतानेवाला आज कोई नहीं है। भिखारी ठाकुर ने कुछ और लोगों का नाम लिया है, जिन्होंने इन्हें संगीत का थोड़ा-बहुत ज्ञान कराया था। 1965 वाले उसी इन्टरव्यू में उन्होंने कहा है–"नेकनाम टोला के एक हजाम रामसेवक ठाकुर ने मेरा गाना सुनकर कहा कि ठीक है। उन्होंने यह बताया कि मात्रा की गणना इस प्रकार होती है। बाबू हरिनन्दन सिंह ने मुझे सर्वप्रथम रामगीत का पाठ पढ़ाया। वे अपने गाँव के थे। मानकी साह गाँव के ही हैं। वे अभी जीवित हैं। वे सिर्फ़ साफ-साफ लिख देते हैं। उन्हें शुद्ध-अशुद्ध का ज्ञान नहीं है। रामायण का सत्संग बाबू रामानन्द सिंह के द्वारा हुआ। श्लोक का ज्ञान दयालचक के साधु गोसाईं बाबा से भी हुआ।" भिखारी ठाकुर ने इस साक्षात्कार में हरिनन्दन सिंह और मानकी साह को अपने गाँव का बताया है। सम्भव है भगवान साह इसी मानकी साह के परिवार के सदस्य रहे होंगे। लेकिन भिखारी ने नाम लेकर भगवान साह को अपने गाँव का नहीं बताया है। इससे अनुमान लगाया जा सकता है कि भगवान साह किसी दूसरे गाँव के भी हो सकते हैं।

भिखारी ठाकुर के पिताजी भी भजन आदि गाते थे। बालक भिखारी चलते-फिरते

गुनगुनाते रहते थे। गाय चराते हुए भी वे साथियों के बीच गाते और स्वांग करते थे। कलकत्ता और मेदिनीपुर प्रवास से आने के बाद उन्होंने पहली बार अपने गाँव में 'रामलीला' की। यही उनके कला प्रदर्शन की शुरुआत थी। इस कार्य में उनके प्रिय साथी गाँव के ही रामानन्द सिंह ने साथ दिया। रामानन्द सिंह छोटे-मोटे ज़मींदार थे। भिखारी ठाकुर ने अपनी रचनाओं में रामानन्द सिंह का नाम बड़े आदर के साथ लिया है। जब रामानन्द सिंह का निधन हो गया, तो भिखारी ठाकुर ने उनको याद करते हुए कई गीत लिखे।

"सुनी बाबू रामानन्द सिंह कहत भिखारी।
रामानन्द सिंह क्षत्री बंस में, सांती मत जिन पाये।
इष्टदेव गंगा के मानत, कौसिक गोत्र कहाये।।
जिन उठि उदय, राम-भजन है क्रोध-लोभ बिसराय।
कहे 'भिखारी' उनसे शिक्षा संघति से हम पाये।" –(चौवर्ण-पदवी)

भिखारी ठाकुर पर सर्वप्रथम आलेख और पुस्तक लिखने और प्रकाशित करनेवाले स्व. महेश्वराचार्य ने लिखा है–"जिस समय ये पंक्तियाँ लिखी गयीं, उस समय वे (भिखारी ठाकुर) 51 वर्ष के थे। आज उनकी उम्र 75 वर्ष की है। पत्र-पत्रिकाओं में आलेख छपते रहे, पर प्रकाशकों की उदासीनता के कारण पुस्तक प्रकाशन में देर हो गयी। भिखारी के आत्मीय मित्र का नाम रामानन्द सिंह था। उनके सहवास में भिखारी का अधिक-से-अधिक समय बीता था और उनके साथ जो लीलाएँ हुई थीं, उनकी चर्चा भिखारी गौरव के साथ करते हैं–

'रामानन्द में पर उपकार। लरिकाई के मित्र हमार।।
जिमिदारी के सेगा जिनिका। तनिको गर्व भइल ना तिनका।।
रामलीला गाँवे में कइली। साथे हाथ में गादा धइली।।
आप सुकण्ठ बने हम बाली। साथे साथ में ठोकली ताली।।
जुद्ध भइल दंगल के माही। तनिको अमनख लागल नाही।।'

('भिखारी', ले.-महेश्वराचार्य, लोककलाकार भिखारी ठाकुर आश्रम, कुतुबपुर, सारण, पृष्ठ- 20, जनवरी, 1978)

भिखारी ठाकुर कहते है–"रामानन्द हमारे बचपन के मित्र थे। वे परोपकारी थे। ज़मींदार थे, पर उनको इसका थोड़ा भी गर्व नहीं था। हमलोगों ने गाँव में ही रामलीला किया। वे सुग्रीव (सुकंठ) बने और मैं बाली। हम दोनों हाथ में गदा लेकर हाथ मिलाते, ताली ठोकते और युद्ध करते थे।" इस प्रकार भिखारी ठाकुर का रामायण का सत्संग रामानन्द सिंह के साथ हुआ।

भिखारी ठाकुर ने कुछ साधु-सन्तों का भी नाम लिया है, जिनमें उनकी श्रद्धा और आस्था थी। ऐसे सन्तों में सगुण और निर्गुण दोनों विचारधारा के सन्त थे। उन्होंने 'मिरचइया बाबा' की कई बार चर्चा की है।

"मिरचइया बाबा के चरन कमल बलिहारी।
मानपुरा पटना पका बनवलन जिनकर जबाना बा जारी।।
बद्रीदास बलदेव बाबा के हरदम हिदरदय में धारी।
देवी-बिप्र-गंगा के पुजलन कइलन यज्ञ बहु भारी।
कहत भिखारी अयोध्याजी जाके सुरपुर प्राण सिधारी।"

मिरचइया बाबा भिखारी कालीन एक सिद्ध सन्त थे, जो भिखारी के गाँव में भी जाते थे। उन्होंने मानपुरा, पटना में एक पक्का मठ बनवाया था। वे जहाँ-तहाँ प्रवचन भी करते थे। कहते हैं एक बार उन्होंने भिखारी ठाकुर की माँ का जबरन चरण-स्पर्श भी किया था और गाँव में प्रवचन के समय इसका औचित्य बताया था कि "भिखारी सामान्य मनुष्य नहीं हैं, ईश्वर के लीलावतार हैं। ऐसे महापुरुष को जिस माता ने जन्म दिया है, वह अवश्य पूजनीय है।" कहा जाता है कि एक बार मिरचइया बाबा को अपने आश्रम के यज्ञ में भिखारी ठाकुर से भजन-कीर्तन करवाना था। किन्तु भिखारी ठाकुर बीमार थे। उन्होंने कई दिनों से अन्न-जल ग्रहण नहीं किया था। उनके मित्र रामानन्द सिंह अपने घोड़े पर चढ़ाकर भिखारी ठाकुर को मिरचइया बाबा के आश्रम में ले गये। बाबा ने उन्हें जबरन दही-चूड़ा खिलाया। भोजन करते ही उनका बुखार जाता रहा। भिखारी ने वहाँ खूब भजन गाया। भिखारी ने ग्रामीण सन्त बद्रीदास और बलदेव बाबा के प्रति भी अपनी श्रद्धा-भक्ति निवेदित की है, जिन्होंने बहुत बड़ा यज्ञ किया था और अयोध्या में जाकर अपने प्राण त्यागे। उन्होंने बाँकीपुर जुजरा के मध्य रहनेवाले एक सन्त रामलखन दास का भी नाम लिया है। इसी प्रकार भिखारी ठाकुर ने अपने अन्तिम समय में गंगा-सोन संगम पर मनेर के पास रामपुर गाँव के एक गुरु के बारे में बताया है, जिन्होंने उनके कान में गुरुमन्त्र दिया था। दीक्षा-गुरु का नाम नहीं लिया जाता, इसीलिए उन्होंने उनका नाम न लेकर केवल परिचय लिखा है–"श्री गुरु चरण मनाई, सुमिरी राधेश्याम। रामपुर एक ग्राम बा, जहाँ गुरु के धाम।"

ए मकई, तोहार गुन गूँथब माला : भिखारी ठाकुर की कला

"बाँधी के पगड़िया रगड़िया मचाव तारऽ, कवने नगरिया के बाड़ऽ रे बिदेसिया" सुनते ही भिखारी ठाकुर के गान, तान, भाव, नृत्य और कला साकार हो उठते हैं। उन्हीं के क्षेत्र में जन्में हिन्दी के चर्चित कवि और जवारलाल नेहरू विश्वविद्यालय, दिल्ली के हिन्दी विभागाध्यक्ष प्रो. केदारनाथ सिंह ने भिखारी ठाकुर की कला से अभिभूत होकर उन पर एक लम्बी कविता लिखी–

"रात के तीसरे पहर
जब किसी झुरमुट में ठनकता था गेहुँअन
तो नाच के किसी अँधेरे कोने से
धीरेधीरे उठती थी
एक लम्बी और अकेली
भिखारी ठाकुर की आवाज।"

यहाँ गेहुँअन साँप के धीरेधीरे उठते और ठनकते फन के बिम्ब से भिखारी ठाकुर की तान, सुर और गायन, गीत-संगीत और नृत्य का रूपक बाँधा गया है। रात के तीसरे पहर में जब भिखारी ठाकुर के निर्गुण की मधुर और सुरीली तान उठती थी, तो आदमी तो आदमी, बनैले जीव-जन्तु और बिषैले सर्प भी मन्त्रमुग्ध होकर सुनते थे।

भिखारी ठाकुर की अभिनय कला

भिखारी ठाकुर के भोजपुरी गीत, नृत्य और नाटकों की प्रस्तुति मनुष्य के मन में उठ रहे उदात्त भावों और सामाजिक सरोकारों को मूर्तिमान कर देते थे। वे समाज के मनोविज्ञान को समझते थे और तत्कालीन समाज में व्याप्त विसंगतियों, कुरीतियों और आडम्बरों के साथ-साथ मानव मन के राग-द्वेष, हास-परिहास, प्रेम-विरह को

कला की ऊँचाई तक पहुँचा कर चित्रण और प्रदर्शन करते थे। भिखारी ठाकुर का नाच देखने कई-कई कोस से लोग आते थे और रात-भर मन्त्रमुग्ध होकर देखते-सुनते थे। उनकी कला का जादू ऐसा था कि जब असम, बंगाल और देश के बड़े शहरों में नाच होता, तो लोग सिनेमा देखना भूल जाते थे।

"एक बार असम के डिबरूगढ़ और कलकत्ते में जब भिखारी ठाकुर के नाच हुए, तो उस दौरान शहर के सभी सिनेमा घर बन्द हो गये। सिनेमा मालिकों ने अंग्रेज़ कलक्टर से गुहार लगायी, तब जाकर भिखारी ठाकुर को अपना नाच दूसरे शहर में ले जाना पड़ा था।" काश, उन दिनों वीडियो या टेप-रिकर्डर की सुविधा होती! बाद में टेप-रिकर्डर आये, तब तक भिखारी ठाकुर और उनके असली नाच का अन्त हो चुका था। फिर भी उस जमाने में 'कलकत्ता के कोहिनूर' नामक ग्रामोफोन कम्पनी ने 'बिदेसिया गीत और नाटक' को रेकॉर्ड किया था, जो बड़े-बड़े शहरों में बजते थे। काश, उस रेकॉर्ड की कोई खोज-ख़बर करता, तो आज भिखारी ठाकुर की असली कला से लोग परिचित हो पाते! आज ले-देकर 'बिदेसिया' फ़िल्म में बुढ़ापे की आवाज में उनके द्वारा गाया गया एक गीत बचा हुआ है–"डगरिया जोहत ना हो डगरिया जोहत ना हो डगरिया जोहत ना, बीतल जात अठपहरिया हो डगरिया जोहत ना।"

जिस समय भिखारी ठाकुर का निर्माण हो रहा था, उस समय बिहार बिहार नहीं, बंगाल था। देश की राजधानी कलकत्ता थी। आज के दिल्ली-पंजाब की तरह उस समय बिहार-यूपी के लोग कलकत्ता कमाने जाते थे। इसीलिए भिखारी ठाकुर के गीत और रचनाओं में 'पियवा गइले कलकतबा, ए सजनी' जैसे गीत और 'बिदेसिया' का कलकत्ता पलायन मिलता है। उनके जन्म वर्ष 1887 के 25 साल बाद वर्ष 1912 में बिहार बना। और उसके बाद भिखारी ठाकुर बिहार के कलाकार बने। लेकिन कलकत्ता कमाने जाने की परम्परा चलती रही। देश की आज़ादी के बाद तक यह परम्परा बदस्तूर जारी रही।

उनके जीवन के अन्तिम दशक (1962-63) में उनके नाटक 'बिदेसिया' पर फ़िल्म भी बनी, तो वह भिखारी ठाकुर जैसी कला और संगीत का जादू नहीं बिखेर सकी। न उसका कथानक 'बिदेसिया' का था और न गीत। केवल 'दिनमा गिनत मोरी घिसली अँगुरिया कि रतिया ताकत नैना रोये रे बिदेसिया' 'बिदेसिया' के धुन का एक गीत है। 'हँसी-हँसी पनमा खिवइले बेइमनमा महेन्द्र मिश्र के गीत 'हँसी-हँसी पनमा

खिवइले गोपीचनमा' से चुराया हुआ है। इस फ़िल्म ने केवल 'बिदेसिया' नाम की ख्याति को भुनाया था। भिखारी ठाकुर जानते थे कि मेरे बाद मेरी कला का क्या होगा? फिर उनके नाम पर जो जाली रचनाएँ छपती और बिकती हैं, उनका भी पर्दाफाश ज़रूरी था। इसीलिए अपने जीवन काल में ही उन्होंने अपनी रचनाओं को लिपिबद्ध कर प्रकाशित करवा दिया था।

भगवती प्रसाद द्विवेदी के अनुसार–"वर्ष 1938 से 1962 के बीच भिखारी ठाकुर की लगभग तीन दर्जन पुस्तिकाएँ छपीं, जिन्हें फुटपाथ से खरीदकर लोग बड़े चाव से पढ़ते थे। अधिकांश पुस्तिकाएँ दूधनाथ प्रेस, कलकत्ता (सकालिया, हावड़ा) और कचौड़ी गली, बनारस (वाराणसी) से प्रकाशित हुई थीं" (भोजपुरी के भारतेन्दुः भिखारी ठाकुर) उनकी कुछ पुस्तिकाएँ 'श्रीविद्यालय प्रेस, तेलिनीपाड़ा (हुगली), श्री दूधनाथ पुस्तकालय एण्ड प्रेस, सूतापट्टी,

बड़ा बाज़ार, कलकत्ता, लोकनाथ पुस्तकालय, कलकत्ता आदि से भी छपीं। इसके अलावा भी भिखारी ठाकुर ने कुछ पुस्तिकाएँ छपरा और आरा के प्रेस से छपवायी थी, जिनमें छपरा का 'कृष्णा प्रेस' प्रमुख था। ये पुस्तिकाएँ हजारों की संख्या में छपती थीं और देखते ही देखते

बिक जाती थीं। उनके जीवन काल में ही सभी प्रेसों से प्रकाशित पुस्तिकाओं के दर्जनों संस्करण छपे। जाली रचनाओं से बचने के लिए उन्होंने कविता में अपनी पुस्तकों की सूची भी जारी कर दी, जो आज 'भिखारी रचनावली' में एवं अन्यत्र एक ऐतिहासिक दस्तावेज के रूप में दर्ज है–

"सुरू से आखिर लिखत भिखारी सब किताब के नाम।
श्री गनेश के चरन कमल में करी-करी के प्रणाम।।
(चौपाई)
'बिरहा बहार' प्रथम मैं गावा। तब 'कलयुग बहार' सुधि आवा।।
'राधेश्याम बहार' हो गइलन। 'बेटी वियोग' के चरचा भइलन।।
'कलयुग प्रेम' हो गइलन पीछे। 'गबर घिचोरन' लगलन आछे।।

'भाई विरोध' सोध के गवली। 'सिरी गंगा असनान' बनवली।।
'पुत्र बध' पुस्तक परचार। तजबिज करिहऽ 'नाई बहार'।।
'ननद भौजी' कर संवादू। 'भाड़ के नकल' के बुझऽ सबादू।।
'बहरा बहार' के बरबस देखऽ। 'नवीन बिरहा' के नीके परेखाऽ।।
भइल 'भिखारी नाटक' जारी। जेमे नकल बा चारि प्रकारी।।
तब 'भिखारी संका समाधान'। साथे-साथ कर सुनहु बखान।।
ओहि अवसर 'भिखारी हरिकिर्तन'। प्रेम लगाइ कर करिहऽ निरतन।।
'जशोदा सखी संवाद' सुहावन। तब 'भिखारी चौगुनी' पावन।।
छपल 'भिखारी जय हिन्द ख़बर'। विकरा के नेग सराध में जबर।।
तब 'भिखारी पुस्तिका सूची'। खरिदनहार के जइसन रुचि।।
पुनि 'भिखारी चउवरन पदवी'। 'विधवा विलाप' मनिहऽ अदवी।।
पढ़ऽ 'भिखारी भजन माला'। 'बुढ़साला' के छपल बा हाला।।
'राम नाम माला' पढ़ि लीजे। 'सीता राम से परिचय' कीजे।।
'नव अवतार' कहाला नर के। एक 'आरती' दुनिया भर के।।

(दोहा)

'मातु भक्ति', श्री नाम रतन, जगह जगह पर गान।
सब पुस्तिका समूह में, दीहल बा परमान।"

भिखारी ठाकुर को अपने नाटक और गीतों को लिखने और छपवाने की ज़रूरत क्यों पड़ी? वे तो गीत और संवादों को जबानी ही बनाकर याद रखते थे, कभी-कभी कागज के टुकड़ों पर गीतों के नोट्स बना लेते थे। उनके पात्रों को भी संवाद रटकर याद नहीं करना पड़ता था। जबानी ही उन्हें स्मरण कराया जाता था। गीत इतने सरल होते थे कि सुनते ही याद हो जाते थे। भिखारी ठाकुर के गीत और नाटक उनके और उनके कलाकारों की जबान पर रहते थे। किन्तु उनके नाच की लोकप्रियता देखकर लोग उनके गीत और नाटकों को छपवाकर बेचने लगे। कुछ अपनी ओर से भी नकली बात जोड़ने लगे। यह सब देख-सुनकर भिखारी ठाकुर ने अपने नाटक और गीतों को लिखना और छपवाना शुरू किया। पाठक और श्रोताओं को जाली पुस्तकों से बचाने के लिए उन्हें अपनी पुस्तिकाओं की सूची तक जारी करनी पड़ी।

भिखारी ठाकुर की ऊपर की पुस्तक सूची के अनुसार उनके प्रसिद्ध नाटकों में 'बिरहा बहार, बिदेसिया (बहरा-बहार), बेटी-बेचवा (बेटी वियोग), विधवा विलाप, गबरघिचोर, कलयुग प्रेम (पियवा निसइल), पुत्र-वध, राधेश्याम बहार, नाई बहार, गंगा-स्नान, बुढ़शाला के बयान, भिखारी शंका समाधान, राम, कृष्ण, शिव आदि के

विवाह और भजन-कीर्तन आदि हैं। इनके अलावा भी भिखारी ठाकुर ने सैकड़ों लोकगीत, निर्गुण और भजन लिखे और गाये, जो जहाँ-तहाँ पुराने लोगों के पास जबानी (मौखिक) सुरक्षित हैं। छोटी-छोटी पुस्तिकाएँ छपवाकर उन्होंने अपनी रचना, कला और विचारों का प्रचार किया। ये रचनाएँ उन दिनों हजारों की संख्या में छपती और बिकती थीं। फुटपात पर बिकनेवाली भिखारी की ये मौलिक रचनाएँ आज उपलब्ध नहीं हैं; फिर भी कहीं-कहीं उनके 11वें 12वें संस्करण की एक-आध प्रति मिल जाती है। कुछ मौलिक पुस्तिकाएँ जगदीशचन्द्र माथुर के पास थीं। किन्तु उनकी मृत्यु के बाद वह भी उपलब्ध नहीं है। भिखारी ठाकुर के परिजनों के पास उपलब्ध प्रतियाँ लालू यादव के मुख्यमंत्रित्व काल में बिहार सरकार में जमा हुईं। किन्तु फिर उनका क्या हुआ? किसी को पता नहीं चला। बिहार राष्ट्रभाषा परिषद् से जो 'भिखारी रचनावली' छपी, उसका भी स्त्रोत अन्य पुस्तकें थीं। इसीलिए भिखारी ठाकुर की उन मौलिक पुस्तिकाओं को खोजना कठिन कार्य है। वे आज नितान्त दुर्लभ हैं। 'बिदेसिया' मूल पुस्तक, जो 'बहरा बहार' के नाम से छपी थी, उसकी एक दुर्लभ प्रति यहाँ दी जा रही है। ऐसी ही कुछ दुर्लभ प्रतियों की तस्वीरें भी दी गयी हैं। भिखारी के नाम पर अनेक गीत और भजन प्रचलित हैं, जो उनके किसी संग्रह में नहीं हैं। 'रचनावली' छपने के बाद से भिखारी ठाकुर के लिखे मौलिक गीत अब मिलने लगे हैं। नये-पुराने कलाकार भिखारी ठाकुर के गीत गाते हैं, पर भिखारी के वे मौलिक लय और धुन अब कहाँ है?

फिर भी आज, जिस प्रकार मिथिलांचल में विद्यापति के गीत प्रचलित हैं, उसी प्रकार भोजपुरी समाज में भिखारी ठाकुर के गीत। "चलनी के चालल दूल्हा सूप से फटकारल हे, दूल्हा धीरे-धीरे चलिहा ससुर गलिया, धान कुटा हो दूल्हा धान कुटा हो" आदि विवाह गीत गानेवाली हिन्दी समाज की औरतें नहीं जानती कि ऐसे सभी गीत भिखारी ठाकुर ने ही लिखे और गाये हैं। आधे से अधिक संस्कार गीत भिखारी ठाकुर की गीत परम्परा से ही हैं। 30 वर्ष की अवस्था से भिखारी ठाकुर ने नाच-गाना शुरू किया और तब से जीवन पर्यन्त वे इसी काम में लगे रहे। वे बिना कोई गीत

लिखे न खाते थे और न सोते थे। उनके जीवन काल में ही 'लोकनाटक' पर शोध करनेवाली उन दिनों की शोध-छात्रा और बाद में अरविन्द महिला कॉलेज, पटना में प्रोफेसर बनी डॉ. उषा वर्मा ने भिखारी ठाकुर से कई पत्रचार किया था और वर्ष 1967 में उनके घर जाकर दो-दो दिनों तक श्री ठाकुर से बातचीत भी की थी। उनके दूसरे पत्र के जबाव में भिखारी ठाकुर भोजपुरी में लिखते हैं–"अपने का लिखले बानी कि बिदेसिया के उत्पति के कारण और बिदेसिया नाम क्यों पड़ा? एह प्रश्न के उत्तर हम अपने के लिख रहल बानी। 'बिदेसिया' नाटक लिखे का पहिले हम कवि सूरदासजी के बनावल किताब पढ़ले रहीं जेमे 'मोर माधो काहे बिलमी बिदेश' रहे और 'कहे कोई परदेशी के बात'। कृष्ण जी बिदेश में गइलन और परदेशी कहइलन। सब का ऊपर हम सोच समझ के बिदेसिया नाटक आज के युग में बनवलीं। एह नाटक में चार आदमी के पाठ बा– 1. बिदेशी 2. प्यारी सुन्दरी 3. बटोही 4. रंडी। बिदेशी कृष्णजी, प्यारी सुन्दरी राधिकाजी, बटोही उधोजी, रंडी कुबरी। अथवा एही शरीर में प्यारी सुन्दरी जीव, बिदेशी ब्रह्म, बटोही धर्म, रंडी माया" (दिनांक: 03.11.1968 को भिखारी ठाकुर द्वारा उषा वर्मा को लिखे पत्र का अंश, भिखारी ठाकुर स्मृतियों के फलक पर, सं.-हरिवंश)

इस प्रकार भिखारी ठाकुर के अनुसार 'बिदेसिया' पर सूरदास का प्रभाव है। इसीलिए 'बिदेसिया' का विरह वर्णन सूरदास के 'भ्रमरगीत' और जायसी के नागमति के वियोग-सा मार्मिक और विह्वल कर देनेवाला है। कहीं कहीं तो भिखारी ठाकुर का विरह वर्णन सूरदास और जायसी को भी पीछे छोड़ देता है। इससे ज्ञात होता है कि भिखारी ठाकुर ने केवल तुलसी के 'रामचरित मानस' को ही नहीं पढ़ा था, बल्कि उन्हें सूरदास के 'सूरसागर' और जायसी के 'पद्मावत' का भी ज्ञान था। लेकिन उनकी कथा और शैली अपनी थी। भिखारी ठाकुर बेशक उच्च कोटि के कवि थे–आशुकवि। उनके पोते स्व. राजेन्द्र ठाकुर ने बताया था कि "बाबा के मन में चलते-फिरते, उठते-बैठते, सोते-जागते अनायास गीत और कवित्त उत्पन्न होते और वे लिखने और गाने लगते थे। उनकी जेब में हमेशा कागज और पेन्सिल होते थे, जहाँ कहीं गीत की पंक्तियाँ सूझी, वे चलते-फिरते भी रुककर लिखने लगते थे। उनके अधिकांश गीत और नाटक ऐसे ही चलते-फिरते, उठते-बैठते लिखे गये हैं। वे कैथी लिपि में लिखते थे और फिर पढ़े-लिखे लोगों को सुनाकर उसे देवनागरी में लिपिबद्ध करवाते थे।"

भिखारी ठाकुर अधिक पढ़े-लिखे कवि और कलाकार नहीं हैं। इसीलिए उन्हें रस, छन्द, अलंकार का शास्त्रीय ज्ञान नहीं है। लेकिन उन्होंने अनुभव और अभ्यास

से जो काव्य गुण, रस, छन्द, अलंकार, बिम्ब, प्रतीक, मिथक और शब्दशक्ति का ज्ञान अर्जित किया है, वह अद्भुत है। कबीर की तरह शब्द और भाषा उनके अनुचर हैं। वे अर्थ की गहराई तक शब्दों का चयन करते हैं। भाव और संवेदना के अनुरूप शब्द खुद-ब-खुद उनकी भाषा में आ जाते हैं। भोजपुरी कविता में पाठक और श्रोताओं के मन की गहराई तक उतरने की कला कोई भिखारी ठाकुर से सीखे। क्या कविता, क्या संवाद-भोजपुरी भाषा को उन्होंने अद्भुत काव्य गुणों से सम्पन्न बना दिया। बिम्ब, प्रतीक और मिथकों के तो वे राजा ही हैं। वैसे तो 'बिदेसिया' से लेकर 'बेटी-बेचवा' आदि उनकी समस्त रचनाओं में यह गुण पाया जाता है, किन्तु उनके नाटक 'गंगा-स्नान' के 'ए मकई, तोहार गुन गूँथब माला' में 'साधू लेखा रूप बनि जाला' का बिम्ब देखने लायक है। मकई के बाल (भुट्टा) के दाढ़ी जैसे लम्बे घने लाल-उजले और भूरे बाल (रेशे) की तुलना दाढ़ी-बाल बढ़ाये साधु से की गयी है। झोले में भर-भर कर मकई का भुँजा खानेवाले बच्चों और सत्तू खानेवाले दाढ़ी-बाल बढ़ाये ग़रीबों के बिम्ब अद्भुत है।

"भूँजा भरि झोरी-झोरी, जहाँ-तहाँ खोरी-खोरी, खात बाड़न बाल-गोपाला।
सत्तू-मिरचाई.नून, खइला से बढ़ेला खून, साधू लेखा रूप बनि जाला।
ए मकई, तोहार गुन गूँथब माला।" –(गंगा-स्नान)

लेकिन भिखारी ठाकुर की कला केवल उनकी कविता और कवित्त के कारण नहीं है। उनकी कला की असली पहचान उनका अभिनय, नृत्य, गायन और संगीत के अद्भुत सुर-ताल हैं। गीत, संगीत और अभिनय के बिना भिखारी ठाकुर के नाटक अधूरे हैं। उनकी कला की ख़ूबी उनकी प्रस्तुति में थी। उस जमाने में जब अधिक वाद्य-यन्त्र नहीं थे, केवल ढोलक, तबला, जोड़ी (टीन के झाल) और सारंगी पर ही भिखारी ठाकुर की कला जादू बिखेरती थी। भिखारी ठाकुर के देखते-देखते हारमुनियम आया। तब उनके नाच में हारमुनियम का बजना भी शुरू हो गया। शुरू में लाउडीस्पीकर या माइक नहीं था। नाचने, गाने और बजानेवाले कलाकार शामियाने में घूम-घूमकर अपना प्रोग्राम पेश करते थे। वादकों की कमर और गले में ढोलक, तबला और सारंगी बँधे होते थे। बाद में शामियाने के एक छोर पर स्थायी स्टेज बनाकर नाच होने लगे। भिखारी ठाकुर के नाच रात और दिन दोनों में होते थे। दिन में तो कोई समस्या नहीं थी, पर रात के अन्धेरे के लिए उजाला आवश्यक था। पहले मशाल और लालटेन से काम चलता था। फिर पेट्रोमैक्स आया। फिर बिजली आयी। लेकिन भिखारी ठाकुर के नाच मशाल के जमाने से ही मशहूर हो गये। भिखारी ठाकुर

के नाच ने रौशनी के तीनों जमानों को देखा और अपनी प्रस्तुति की।

भिखारी ठाकुर ने अपने प्रसिद्ध कलाकारों के नाम अपनी कविता में लिख डाला है:–

"बाबूलाल छाँटत बाल, भेदहूँ के जानत हाल,
ओसही महेन्द्र कुछ, ध्रुपद के गवैया है।
अजब रंग ढंग बा, घिनावन के ढोलक में,
तरह-तरह ताल के तफजूल बजवैया है।
सारंगी सरगम अलीजान के लागत नीक,
हद हरमुनिया के जगदेव बजवैया है।
रामलछन, जूठन के भिखारी बताय देत,
ख़ास-ख़ास हास रस नकल के करवैया है।" –(भिखारी रचनावली)

इसी प्रकार भिखारी ठाकुर ने गोरख राय, जयदेव, जयनाथ, बुधन, राजबम, रामदास, फिरंगी, सोमारू, लालू आदि कलाकारों का नाम लिया है।

"केहू बाबूलाल, केहू घरघुमन मूरत ह,
केहू ह गोरख राय, केहू जयदेव, जयनाथ ह।
केहू ह बुधन, केहू राजाबम बालक रामदास ह,
केहू ह फिरंगी, केहू जूठन, सोमारू, लालू नाचे में फास्ट ह।"

यहाँ ध्यान देने की बात है कि भिखारी ठाकुर ने अपनी कविता में अंग्रेज़ी शब्द फास्ट का प्रयोग किया है। साड़ी पहनकर भिखारी ठाकुर के नाच में औरत की भूमिका निभानेवाले कलाकारों में मुख्यरूप से फिरंगी, सोमारू, लालू, रामलछन, जूठन ठाकुर, छविला, रामचन्द्र माँझी (बड़का), रामचन्द्र (छोटका), लखीचन्द राम आदि नामी कलाकार थे। रामलछन, जूठन और जमुना साह का हास्यरस मशहूर था। वे भिखारी नाच में जोकर (लबार) बनते थे। रामदास राही बताते हैं-"शुरू में भिखारी ठाकुर के नाच में लबार (जोकर) नहीं होते थे। हास्य की भूमिका उनके नाटक के कलाकार प्रसंगवश खुद ही निभाते थे। बाद में रामचन्द्र माँझी (बड़का) के आने के बाद जोकर (लबार) रखा जाने लगा; क्योंकि रामचन्द्र माँझी कलाकार तो अच्छे थे, पर उनकी आवाज में लोच नहीं थी।"

भिखारी ठाकुर की कला में जीवन था, जीवन्तता थी, उत्साह था, उमंग थी। उस जमाने में नाटकों के लिए स्त्री का मिलना कठिन काम था। इसीलिए भिखारी के नाटकों के स्त्री चरित्रों की भूमिका प्रायः पुरुष ही निभाते थे। खुद भिखारी भी स्त्री

का पाठ करते थे। जब वह मेहरारू का पाठ करते, तो सर्वांग स्त्री में बदल जाते। अभिनय का चमत्कार, पूर्ण कायान्तरण, परदेस गये पति की याद में रोती-घुलती पत्नी की भूमिका करते तो स्त्रियाँ रो पड़तीं। (बाद में भिखारी ठाकुर का नाच स्त्रियाँ भी देखने लगीं) बेमेल बिवाह की भेंट चढ़ती बेटी की पीड़ा प्रस्तुत करते तो पुरुष तक की छाती फटने लगती। भिखारी ठाकुर के गीत और अभिनय में जादू था। सुरीली तान में जब भिखारी गीत के अन्त में कहते थे–"कहत भिखारी नाई, जिला छपरा के भाई, कुतुबपुर परे ला मकान रे बटोहिया।" तो श्रोता और दर्शक विभोर हो जाते थे।

भिखारी ठाकुर के समय व्यवस्थित नाच की कोई परिपाटी नहीं थी। जहाँ-तहाँ 'नेटुआ' नाच होते थे, जिसमें जन्म, विवाह आदि अवसरों पर एक-दो लड़के साड़ी-घागरा पहनकर नाचते थे और उसके साथी कलाकार खजुड़ी, मजीरा आदि बजाकर नेग माँगते थे। इसे आज का पँवरिया नाच भी कह सकते हैं। गाँव के बड़े ज़मींदारों के यहाँ और शहरों में 'पारसी थियेटर' और 'नौटंकी' हुआ करते थे। बिहुला-विषहरी, रानी सारंगा, बृजाभार, कुँवर विजयी, लोरिकदेव, आल्हा-ऊदल आदि की लोकगाथाएँ थीं। गाँव के चौपालों में इनकी गाथाएँ खूब प्रचलित थीं और धुन भी। लेकिन इनके कोई नाटक या नाच नहीं होते थे। इनके अलावा खेती-किसानी के गीत, विरहा, निर्गुण, बारहमास', जाँता-ढेंकी पीसते-कुटते ग्रामीण औरतों के गीत आदि प्रचलित थे। तुलसी के 'रामचरित मानस' के पाठ और भाँटों के कवित्त भी प्रचलित थे। भिखारी ठाकुर ने इन्हें अपनी लोककला में व्यवस्थित रूप दिया। उन्होंने 'नकल भाँड और नेटुआ' नाटक और स्वांग लिखकर और उसे मंचित करके इस विरासत को सुरक्षित और संरक्षित भी कर दिया। उन्होंने 'रामचरित मानस' के दोहे-चौपाई और छन्दों के अलावा 'लोरिकाइन, सोरठी-वृजाभार, सोहर, बारहमासा, गोपीचन्द, कुँवर विजयी, आल्हा, पचरा, पूर्वी, बारहमासा, चौबोला, जँतसार, बिरहा, निर्गुण, कवित्त आदि की तर्ज और धुनों के आधार पर गीत बनाये और उन्हें अपने नाच और नाटकों में अपनाया। उनके एक ही नाटक 'बिदेसिया' में प्राय: ये सभी शैलियाँ एक साथ मिल जाती हैं। भिखारी ठाकुर के समय शास्त्र-पुराण की अनेक कथाएँ एवं समाज में प्रचलित लोकगाथाएँ थीं। भिखारी ठाकुर चाहते तो रानी सारंगा, सोरठी-बृजाभार, कुँवर विजयी, आल्हा-ऊदल आदि लोककथाओं पर नाटक और तमाशे कर सकते थे। उनके मित्र और शुभचिन्तक और कुछ कलाकारों ने भी उन्हें ऐसा करके अधिक पैसे कमाने की राय भी दी। किन्तु उन्होंने गाँव में एक बार रामलीला और कृष्ण कथा (राधेश्याम बहार, यशोदा-सखी संवाद आदि) को छोड़कर किसी

पारम्परिक कथा पर न नाटक लिखा और न तमाशा किया। उन्होंने समाज में व्याप्त समस्याओं को ही अपनी कला का विषय बनाया और नाटक लिखकर उनका मंचन किया। विरोधों के बावजूद वे अपने नाच में सामाजिक समस्या ही उठाते रहे। यही भिखारी की मौलिकता है।

भिखारी ठाकुर ने जब अपना नाच शुरू किया, तो कुछ नाच पहले से हो रहे थे, जिसमें केवल मनोरंजन और बेढंगे संवाद होते थे, जिसे भड़ौती कहते हैं। भिखारी की देखा-देखी आरा-छपरा में कुछ और नाच मण्डलियाँ शुरू हो गयीं। लेकिन सभी प्राय: भिखारी ठाकुर के गीत और तमाशा ही करते थे। उस समय के मशहूर नाच मण्डलियों में रसूल मियाँ के अलावा महेन्द्र साह, दरबारी गिरि और रामजन्म गिरि के नाच चलने लगे। दरबारी गिरि भिखारी ठाकुर के 'बिदेसिया' नाटक को ही कथक शैली में प्रस्तुत करते थे। रसूल मियाँ अच्छे गायक और कवि थे। लेकिन देशभक्ति और मनोरंजन के बावजूद रसूल मियाँ के नाच में पारम्परिक अश्लीलता और भड़ौती भी थी, जिसे भिखारी ठाकुर ने दूर किया। इसके अलावा मुज़फ़्फ़रपुर के 'गुदर राय' की पार्टी 'सुन्दरी-विलाप' और भिखारी ठाकुर के 'बिदेसिया' के आधार पर ही नाच-तमाशा करती थी। कुछ लोग कहते हैं कि भिखारी ठाकुर के 'बिदेसिया' पर 'सुन्दरी-विलाप' का प्रभाव है, तो कुछ लोग कहते हैं कि 'सुन्दरी-विलाप' पर 'बिदेसिया' का। लेकिन भिखारी ठाकुर को छोड़कर समकालीन सभी नाचों में प्राय: अश्लीलता अधिक हुआ करती थी। भिखारी ठाकुर ने नाच-तमाशे को अश्लीलता और भड़ौती से निकाल कर उसे कलात्मक ऊँचाई दी, जीवन यथार्थ से जोड़ा और उसे परिवर्तन के हथियार में बदल दिया। भिखारी ठाकुर खुद जिस भूमिका को निभाते थे, वह किरदार अमर हो जाता था। नाच में वही भूमिका महत्त्वपूर्ण हो जाती थी। जैसे 'बिदेसिया' में बटोही की भूमिका और 'राधेश्याम बहार' में यशोदा और बूढ़ी सखी की भूमिका भिखारी ने खुद निभाये थे। इसीलिए इन नाटकों में ये किरदार नाटक के नायक-नायिकाओं से भी ज्यादा जीवन्त और महत्त्वपूर्ण हो गये। वे अपने नाटकों में कहते थे–"नाच-काँच है, बात साँच है।" अर्थात् यह नाच-काच ज़रूर है, पर बात सच्ची है।

भिखारी ठाकुर की कला का महत्त्व इसलिए है कि उसने केवल मनोरंजन नहीं किया, बल्कि समाज में एक सार्थक और व्यवहारिक सन्देश दिया। भिखारी ठाकुर के नाच ने बिहार, बंगाल, असम, उत्तरप्रदेश सहित पूरे उत्तर भारत में ऐसा लोकजागरण किया, जो अभूतपूर्व था। इसने तत्कालीन बंगला और मराठी नवजागरण

को लोकजागरण में बदलकर उसे बिजली की गति से आगे बढ़ाया। ज्वलन्त सामाजिक समस्याएँ भिखारी की लोककला के माध्यम से उजागर होने लगीं और उन पर सकारात्मक प्रभाव पड़ा।

भिखारी ठाकुर खुद नाटक और गीत लिखते तथा उसे मंचित करते। शास्त्रीय दृष्टि से विचार करें, तो 'भिखारी ठाकुर रचनावली' के सम्पादक नागेन्द्र प्रसाद सिंह के अनुसार– "उनके गीतों में अनुप्रास, यमक, श्लेष, उपमा, रूपक, उत्प्रेक्षा, अपह्नुति, अप्रस्तुत प्रशंसा, विरोधाभास आदि अनेक अलंकारों की अनायास योजना हुई है। उनके काव्य और नाटकों में प्राय: सभी रसों का परिपाक हुआ है, किन्तु श्रृंगार और भक्ति उनके काव्य के मुख्य रस हैं। वियोग श्रृंगार में तो भिखारी सूर को भी पीछे छोड़ देते हैं। भिखारी ठाकुर ने अपने नाटकों में पद्य-संवाद के अलावा सरल, छोटे और प्रभावशाली गद्य-संवादों का भी सृजन किया और नाटकों को नौटंकी शैली देकर उन्हें रोचक और मनोहारी बनाया। भिखारी ठाकुर ने परम्परागत संस्कृत, प्राकृत और अपभ्रंश नाट्य शैलियों से सूत्रधार, मंगलाचरण तथा अन्य रूढ़ियों को भी कुछ ढीले-ढाले ढंग से स्वीकार किया और विदूषक के बदले 'लबार' जैसे रोचक पात्र का सृजन किया। मंचीय व्यवस्था तथा साज-सज्जा सम्बन्धी निर्देशों को मंचन-व्यवस्था की स्थानीय सुविधा पर छोड़कर भिखारी ठाकुर ने मुक्त मंच को प्रोत्साहित किया। किन्तु ये सारे प्रभाव भिखारी की कला में अनायास ही आये। उन्होंने इसके लिए कोई अध्ययन या प्रशिक्षण प्राप्त नहीं किया। खुली मंच व्यवस्था और गीत नाट्य की अनेक शैलियाँ उनकी अपनी मौलिक उद्भावना है।" (भिखारी ठाकुर रचनावली, भूमिका)

नाटकों में सूत्रधार की भूमिका भिखारी ठाकुर खुद निभाते थे। विशिष्ट वेश-भूषा में भिखारी ठाकुर जब मंच पर आते तो तालियों की गड़गड़ाहट के साथ दर्शक और श्रोता उनका स्वागत करते और वे अभिनय के लय-ताल में सुध-बुध खो बैठते। भिखारी विभिन्न मुद्राओं में प्रवचन करते, भजन गाते और नाटक के सार-सूत्र प्रस्तुत कर वातावरण का निर्माण करके चले जाते थे। उसके बाद ही नाटक शुरू होता था। किन्तु अनेक नाटकों में भिखारी ने मुख्य नायक और पात्रों की भूमिका भी अदा की है। उनकी प्रसिद्ध भूमिका हैं– 'बिदेसिया' में बटोही, 'गबरघिचोर' में पंच, 'बेटी वियोग' में पण्डित, 'राधेश्याम बहार' में 'बूढ़ी सखी' तथा 'कलियुग-प्रेम' में 'नशाखोर पति' आदि। उनका अभिनय अनुकरणीय होता था। वे कलाकारों के प्रशिक्षण के क्रम में संवादों के प्रस्तुतीकरण के प्रभावी होने के गूर भी अपने कलाकारों को बताते थे। वे अपनी कला प्रस्तुति में इतने सतर्क रहते थे कि जब कहीं कोई गायक, वादक या

नर्त्तक बेताला या बेसुरा होने लगता, तो वे मंच पर आते और हँसते-खेलते उसमें आवश्यक सुधार कर देते थे। दर्शकों को पता भी नहीं चलता था। ऐसा लगता था कि उनका रोष प्रदर्शन या सुधार नाटक का ही अंश हो। भिखारी ठाकुर ने अपने लोकनाटकों के प्रस्तुतीकरण में नये-नये प्रयोग किये। खुला मंच का प्रयोग विश्व में सबसे पहले सम्भवत: भिखारी ठाकुर ने ही किया था। उत्तर भारत की अनेक लोक-नाट्य शैलियाँ भिखारी ठाकुर के नाटकों से ही निकली है। भिखारी के नाटक-प्रदर्शन का यह आकर्षण था कि अभिनय और नृत्य के लय में दर्शक और श्रोता डूब जाते थे। उनमें खुद संयम और अनुशासन आ जाता था। मीलों दूर से दर्शक आते और सबसे आश्चर्य की बात यह होती कि हजारों हजार की भीड़ को नियन्त्रित करने के लिए कहीं कोई पुलिस या कार्यकर्त्ता नहीं होता था। सम्पूर्ण वातावरण पर एकछत्र भिखारी ठाकुर का ही राज होता। ऐसे सफल नाट्य-संयोजन और रंगकर्म की ऐसी सफलता दुर्लभ है। किन्तु बाद में जब भिखारी ठाकुर के नाच सरकारी आयोजनों में जाने लगे और भीड़ अनियन्त्रित होने लगी, तो कानून-व्यवस्था बनाये रखने के लिए पुलिस की व्यवस्था होने लगी। किन्तु भिखारी ठाकुर को जहाँ अपनी कला के कारण सम्मान मिला, वहीं तथाकथित सम्भ्रान्त लोगों और विरोधियों द्वारा अपमान भी। यह अपमान उनकी जाति और पारम्परिक अश्लील 'नाच' के प्रति लोगों में प्रचलित उपेक्षाभाव के कारण था।

जनकवि भिखारी

जनकवि वह होता है, जो जनता की जुबान में जनता के लिए जनता की कविता और गीत लिखता है। उसकी धड़कनों में जनता और क्षेत्र का इतिहास-भूगोल बसता है। भिखारी ठाकुर ने जनता की भाषा भोजपुरी में भोजपुरी लोक के गीत लिखे। उन्होंने जनता के बीच प्रचलित सहज-सरल शब्दों और ठेंठ भाषा का प्रयोग किया, उन्हें गाया और सुनाया भी। जनता ने उनके गीतों में अपने सुख-दुख, दर्द-पीड़ा और हास-विलास देखा और सुना। वह मन्त्रमुग्ध और विभोर हो गयी। इसीलिए भिखारी ठाकुर जनकवि हैं। ऐसा कोई कवि नहीं हुआ, जिसने अपने गाँव-जबार, जिला और क्षेत्र के इतिहास-भूगोल, बाढ़-सुखाड़, खेती-बारी, सम्पत्ति-विपत्ति, अकाल-सुकाल, नदी-नाले, देवी-देवता, आस्था-विश्वास, जाति-वर्ण, पूजा-त्योहार आदि सबका सांगोपांग वर्णन किया हो। भाँट और चारणों ने राजा और सामन्तों के लिए उनके पुरखे-पुरान और इतिहास-भूगोल के बनावटी गीत गाये, पर जनकवियों ने जनता के लिये लिखा।

भारतीय इतिहास में भिखारी ठाकुर अकेले जनकवि हैं, जिन्होंने चारण परम्परा को दर-किनार कर अपने भोजपुरी समाज और संस्कृति का व्यापक वर्णन और चित्रण किया। यहाँ तक कि भोजपुरी समाज में प्रचलित शास्त्र-पुराणों की राम-कथा, कृष्ण-कथा, शिव-कथा, गंगा-स्नान, गंगा, यमुना, सरयु, सोन, ऋषि-मुनि, साधु-सन्त, गुरु-शिष्य और माता-पिता को जोड़नेवाली 'चौथचन्दा' की परम्परा, शादी-विवाह, यज्ञ-अनुष्ठान आदि सबका उन्होंने सरस और ज्ञानवर्द्धक वर्णन किया है। उन्होंने भगवान राम और राजा जनक की 67 पीढ़ियों तक के नाम गिनाये हैं। इसकी शुरुआत उन्होंने अपने घर-परिवार और गाँव-जबार के वर्णन से ही की है। ऐसे गीतों के लोकधुन और गेयता देखने लायक है–

"हउवे ख़ास हमार समाचारी, नगर में झमरत बा पटीदारी।
पहिले बास रहल भोजपुर में, मौजे अरथू अवारी।
पुरखा पाँच बसलन शंकरपुर, जानत सब नर-नारी। नगर में...
क्षत्री, यादव, नाई, गोंड, कुल, सनमत रहुवे भारी।
एक दुसाध चार घर मिलिकर, कइलन खेती-बखारी। नगर में...
यही पाँच में हिस्सा बरोबर, मंगरू, बहोर, भिखारी।
मालिक का मलिकान से अब, होई गइलन सरकारी। नगर में... "

वैसे तो भिखारी ठाकुर ने अपने प्रत्येक गीत के अन्त में प्राय: छपरा जिला का नाम लिया है–'कहत भिखारी नाई, जिला छपरा के भाई' लेकिन छपरा और आरा (शाहाबाद) जिला का महत्त्व और उससे जुड़े मिथकों का अलग से भी वर्णन किया है। छपरा के पास गंगा नदी के 'चिरान घाट' से सम्बधित राजा मोरध्वज की पौराणिक कथा को भिखारी ठाकुर ने अपने गीत में अमर बना दिया है। 'चिरान घाट' के महल का वह खण्डहर आज भी मौजूद है।

"छपरा छव पराजय कारी, सोची के कर्म ऊपर धारी।
बाघ संग एक साधु आके, जय-जय शबद उचारी।। छपरा...
पुत्र के माँस खिया दऽ जल्दी, नइखे दोसर दरकारी।
हुकुम मोताबिक तुरते कइलन, चीरन के तैयारी।। छपरा...
बालक जग में जियते रहलन, दया भइल सरकारी।
भूपति मोरध्वज वीर धीर धरि, चढ़ी गये महल अटारी।। छपरा...
तब से धाम 'चिरान' कहावत, लगन चलल ललकारी।
अघनाशनी श्री गंगा तट पर के, कहत दास भिखारी।। छपरा...

दोहा

"छपरा शहर दहिआंवा, रहत दधिची वीर।
तेकर हाड़ धनुष होई गइल, भइल जनकपुर भीर।।"

इसी प्रकार छपरा के रहनेवाले देश के प्रथम राष्ट्रपति डॉ. राजेन्द्र प्रसाद के बारे में भिखारी ठाकुर ने लिखा है–

"छपरा में रहत राजेन्दर बाबू, जीरादेई मकान।
हिन्दुस्तान के मुकुटमनी, दिल्ली तखत महान।।"

–(भिखारी रचनावली)

गंगा-गंडक-सोन के संगम पर बसे सोनपुर कोन्हारा घाट, वहाँ घटित पौराणिक गज-ग्राह की लड़ाई, संगम पर स्थित बाबा हरिहर नाथ का मन्दिर, सोनपुर के हरिहर नाथ का विश्वप्रसिद्ध पशु-पक्षी और कुम्भ मेला, गंगा-स्नान आदि का भिखारी ठाकुर ने विषद वर्णन किया है।

गंगा-स्नान– *"रखिहऽ चरन का सरन, ए मोर गंगाजी हो!*
जब-जब होखे जनम, जोनी जवन करम।
तब-तब दीहऽ दरसन, ए मोर गंगाजी हो!"

सोनपुर मेला– *"चलऽ हरिहर क्षत्र मेला घुमेला,*
बहुत लोग संगम पर जाके छपकेला।
अरिये पर नहइबऽ, न त गोड़ धसकेला,
हाजीपुर से रिविलगंज में, धाका ठेलमठेला।
कहत भिखारी जीव हदसेला,
चलऽ हरिहर क्षत्र मेला घुमेला।"

यद्यपि भारत में ईस्ट इंडिया कम्पनी के आने के बाद ही ईस्वी सन् शुरू हो चुका था; किन्तु ग्रामीण क्षेत्रों में भू-राजस्व आदि की सुविधा की दृष्टि से फसली सम्वत् ही प्रचलन में था। भिखारी ठाकुर ने अपनी रचनाओं में हर जगह फसली सम्वत् का ही प्रयोग किया है। फसली सम्वत् अकबर द्वारा चलाया हुआ एक वैज्ञानिक और धर्मनिरपेक्ष सम्वत् था, जो इस्लाम के हिजरी और हिन्दुओं के विक्रम और शक सम्वत् को मिलाकर बनाया गया था। इसमें चन्द्र और सूर्य महीनों के समय को सामंजित कर किसानों की फसलों के अनुसार समय और काल गणना होती थी।

बिहार में 1934 का भयानक भूकम्प दुनिया के सबसे बड़े भूकम्पों में गिना जाता है। 8 रेक्टर तीव्रता के इस भारी भूकम्प से बिहार और नेपाल में भारी तबाही हुई थी। हजारों लोगों की जान चली गयी थीं। लाखों पशु-पक्षी और घर-परिवार बर्बाद हो गये। गांधीजी, नेहरू, खान अब्दुल गफ्फार खान, सरोजनी नायडु आदि सैकड़ों

नेताओं ने राहत कार्य के लिए बिहार दौरा किया था। यह भूकम्प 15 जनवरी 1934, फसली साल 1341 को हुआ था। इस भूकम्प को लेकर बिहार के बड़े बुजुर्गों में उस जमाने का एक लोकगीत प्रचलित है:–

"सन् तेरह सौ एकतालिस माघ महीना, तीन पहर गुजरी।
राजनगर के राज नाश भेल, दरभंगा उजरी।
हम सब भारत से उजरी।।"

इसी वर्ष सावन में गंगा सहित बिहार की तमाम नदियों में भयंकर बाढ़ आयी। भिखारी ठाकुर ने गंगा के उस भीषण बाढ़ का वर्णन अपने 'गंगा-स्नान' नाटक में किया है। यह तिथि 23-24 अगस्त, 1934 श्रावण चतुर्दशी और पूर्णिमा, गुरु और शुक्रवार थी। 23 को बाढ़ आयी और 24 को उसने बिकराल रूप पकड़ लिया।

"तेरह सौ एकतालिस साल, सावन चतुरदसी शुक्ल।
ढुक गइल गंगाजी के पानी चुहानी में।"

फिर

"गंगाजी के भरली अररिया, नगरिया दहात बाटे हो,
गंगा मइया, पनिया में जनियाँ रोबत बाड़ी, कंत बिदेस मोर हो।
घरवा में धारवा बहत बा, पुकारवा होखत बाटे हो,
गंगा मइया, तनवाँ में अनवाँ मिलत नइखे, नयना से लोर गिरे हो।
तेरह सौ एकतालिस साल सावन सुदी, घर में न रहे खुदी हो,
गंगा मइया, सुकवा के लुकवा लगाई कर, भइलू निपट कठोर हो।"

उत्तर भारत ख़ासकर बिहार, बंगाल और उत्तरप्रदेश के ग्रामीण क्षेत्रों में 1933-34 से 1941-42 तक समय-समय पर अकाल पड़ता रहा। भिखारी ठाकुर ने अपनी रचनाओं में द्वितीय विश्वयुद्ध के दौरान 1941 के एक भीषण अकाल और युद्ध का भी वर्णन किया है। भिखारी ठाकुर फसली साल 1349 सावन शुक्ल पक्ष एकादशी अर्थात् तीन अगस्त, 1941 की बात लिखते हैं।

"रेल के मेल ना मिलत बा कतहू, कतहूँ केहू आत ना जावत भाई।
गोला में कवनो अनाज बिकात ना, टोला के हालत का केहू गाई।
जीला के लीला सुनीला कहे से रहे, से धोखा कहियो होई जाई।
गइल-आइल-खाइल छुटल, टूटल तार दाहारन में।
खैरात बँटात न बा कतहूँ, युद्ध होखत बा सरकारन में।
तेरह सौ उनचास का साल में, सावन सुदी एकादशी आजे।
ब्यार बहै पुरबा कसि के, पछिया कबहूँ झकझोरी बिराजे।

ऊपर से बरखा बरसे नीचे, सरयुग सोन-गंगा सम राजे।
कहे नाई 'भिखारी' दया कर राम, मोकाम इहे बा ग़रीब नेवाजे।
एको अनाज न दाम से मिलत, का ई परि पेट भीतर घानी।
अति आरत होके भिखारी कहै, सुधि लऽ कलकता के काली भवानी।
थोड़ा पिसान पूरा महुआ, पिसि के हलुआ कर होखत भोजन।
लिट्टी , पिट्ठा नून-तेल के साथ, ऊहो भर-पेट नहीं कम ओजन।
धान के भात मिले कहिया, जहिया गोतिआर में होत परोजन।"

आरा जिला के मिथक और इतिहास को देखें–

"आरा जिला मसाढ़ भवानी। बानासुर के ह राजधानी।।
सहसराम ह आरा जिला। पर्वत में रोहतास के किला।।
पहिला युद्ध बक्सर में भयऊ। से उछाड़ लंका चली गयऊ।।
जिला छपरा छप्पर-बन्ध। नगीचा सोभत बा सम्बन्ध।।
'गोदना' सोनपुर के सिलसिला। कहत भिखारी कहल कहीला।।"

अपने सगे-सम्बन्धियों का परिचय देते हुए भिखारी ठाकुर आरा के बारे में लिखते हैं:–

"आरा जिला ममहर, ससुरार फुफहर, आरा जिला पुरोहित गुरु आरा परिवार है।
आरा जिला राजा, दीवान, छड़ीदार आरा, आरा जिला पड़त बा सगरो बघार है।
थाना बड़हारा आरा छपरा का मध्य माहि, परत करीब चकिया मटुकपुर बजार है।
ढहकर कुतुपुर गाँव बसल दियरा में, तबहि से कहत भिखारी प्रचार है।"

फिर अपने गाँव की चौहद्दी बताते हुए भिखारी लिखते हैं:–

"बबुरा दोकरिया घुसरियां कपूर दियरा, इंगलिस सिरसियाँ एकबना एक ग्राम है।
चैनछपरा सबलपुर, सुरतपुर बन्धुछपरा, लगले बिशुनपुर बिनगाँवा अस धाम है।
दियरा में देयालचक चकियाँ महाजी, पच्छिम कोटवा महलवा में करत अराम है।
हाल के मोकाम गंगा, सरजु के तीर माहि, कहत चौहद्दी यह भिखारी हजाम है।
उत्तर खलपुरा महाराजगंज, डोरीगंज चिरान गढ़ मोरध्वज के जनावेला।
शेरपुर घेघटा रउजा थारूटोला तेलपा तक, दियरा के बसिन्दा टोला नयका कहावेला।
कहत भिखारीदास ख़ास शहर छपरा ह, सटले नेवाजी टोला हद होई जानावेला।"

इस प्रकार भिखारी ठाकुर ने अपने सामाजिक-सांस्कृतिक परिवेश और उसके समय और समाज को चित्रित किया है।

भिखारी ने नाटक और संगीत रूपकों के अलावा ढेर सारी ऐसी कविताएँ और गेय मुक्तक लिखे, जिनका मंचन नहीं होता था। वे यदा-कदा नाच-तमाशों में केवल गाये जाते थे। बहुत सारी रचनाएँ ऐसी थीं, जिनका न गायन होता था, न प्रदर्शन। जैसे-नाई बहार, भिखारी शंका समाधान, भिखारी परिचय, पुस्तक सूची, भिखारी जयहिन्द ख़बर, नर नव अवतार, सत्यनारायण कथा और चउथ चन्दा गीत, भिखारी के भक्ति और संन्यास के गीत। उनके ऐसे गीत और कवित्त यदा-कदा नाटकों में वातावरण निर्माण के लिए प्रसंगवश गाये जाते थे, किन्तु ये नाच-तमाशों के अंग नहीं होते थे। किन्तु भिखारी ठाकुर का शरीर जब थक गया, वे नाच-तमाशों के लिए निष्क्रिय हो गये, अन्तिम समय में लिखे संन्यास और भक्ति के उनके गीत किसी नाटक या तमाशे में गाये नहीं गये। वे भक्ति-भजन के रूप में प्रसिद्ध हो गये। निर्गुण भजन और कीर्त्तन के रूप में बाद में इन्हें गाया गया।

भिखारी की सभी कविताएँ और गीत गेय मुक्तक हैं, जो किसी-न-किसी राग और लोकधुन पर आधारित हैं। इनमें रस, छन्द और अलंकारों का पूरा ध्यान रखा गया है। भिखारी को यद्यपि कविता का कोई शास्त्रीय ज्ञान नहीं था, फिर भी संगति, अनुभव और अभ्यास से उन्होंने दोहा, चौपाई, रोला, सवैया, छप्पय आदि छन्द, भैरवी, ध्रुपद, मल्लार आदि राग और श्रृंगार, हास्य, करुण, वीर, भक्ति, शान्त आदि रसों का परिपाक सीख लिया था। भिखारी ठाकुर ने अपनी कविताओं में अधिकांश रस, छन्द और अलंकारों का प्रयोग किया है। लेकिन उनके प्रधान रस श्रृंगार, शान्त और भक्ति हैं। अलंकारों में अनुप्रास, उपमा, यमक, रूपक आदि, छन्दों में मुख्य रूप से दोहा, चौपाई, सवैया कवित्त और विभिन्न लोकधुनों पर आधारित लोकगीत हैं।

लेकिन भिखारी ठाकुर की कविता और गीतों का महत्त्व शास्त्रीय से अधिक समाजशास्त्रीय है। उन्होंने सामाजिक सरोकारों के अनुरूप अपनी कविता और गीतों का सृजन किया है। उनके गीतों का सरोकार सीधे सामाजिक और सांस्कृतिक समस्याओं से जुड़ते हैं। वे जब 'नाई बहार, भिखारी शंका समाधान, चौवर्ण पदवी, भिखारी जयहिन्द ख़बर' लिखते हैं, तो सीधे-सीधे तत्कालीन समय और समाज से जुड़ जाते हैं। उनके गीत और कविताओं में समाज की समस्याएँ बोलने लगती हैं। आगे भिखारी की बहुजन चेतना में हम इस पर विस्तार से विचार करेंगे। फिलहाल उनका एक भजन:–

"राम कह, राम कह, मन मुँहचोरवा।
आई जब नियार, तब गिरावे लगब लोरवा।।"

भिखारी ठाकुर की लोकप्रियता

भिखारी ठाकुर अपने जीवन काल में लोकप्रिय तो थे ही, वे मिथक और लिजेण्ड भी बन चुके थे। वे बिहार के गाँवों में जहाँ कहीं जाते, लोग चलते-फिरते, काम करते उन्हीं के गीत गाते-गुनगुनाते। गंगा घाट पर नाव पर इस पार से उस पार आते-जाते सवार और नाव के मल्लाह अक्सर उन्हीं के गीत गाकर अलाप भरते थे। भिखारी के गीत नाविकों के अलावा हरवाहे, चरवाहों के प्रिय गीत थे। कई बार ऐसा होता कि भिखारी ठाकुर नाव पर सवार हैं और नाविक उन्हीं का गीत गा रहा है। ऐसा सौभाग्य बहुत कम कलाकारों को मिलता है। भिखारी ठाकुर को देखकर वे झेंप जाते और उनके पैर छूने लगते। भिखारी ठाकुर ने लिखा भी है:–

"केहू जपत बा गाय चरावत, केहू जपत बनिहारी में।
केहू जपत बा बिरहा गा के, चिखना खाके तारी में।
भोजन करत में बालक सुमिरत, दाल-भात ले थारी में।
केहू जपत बा सेम-साग में, भन्टा तुरत कोड़ारी में।
केहू जपत बा आम गाछ पर, केहू जपत बँसवारी में।
केहू जपत बा इनरा-पोखरा, केहू जपत घटवारी में।
केहू जपत बा गुण्डा कहके, केहू जपत बा गारी में।
केहू जपत बा जतरा करके, बइठल रेल सवारी में।
पहुँचल नाम बिहार प्रान्त भर, राजा-रंक-भिखारी में।"

कुलवा में दगवा लगइले रे भिखरिया

लेकिन इन तमाम खूबियों के बावजूद भिखारी ठाकुर के आलोचकों की भी कमी नहीं थी। सम्भ्रान्त लोग प्राय: अपने बच्चों को भिखारी ठाकुर के नाच से दूर रहने की नसीहत देते थे। उन्हें दूसरों की नकल करके तमाशा करनेवाला भी मानते थे। 1950 में जब बिहार राष्ट्रभाषा परिषद् के निदेशक आचार्य शिवपूजन सहाय के आमन्त्रण पर राष्ट्रभाषा के

'भोजपुरी परिषद्' पटना में भिखारी ठाकुर गये, तो वहाँ पहले से तत्कालीन विद्वान गणेश चौबे का भाषण चल रहा था। उनका भाषण भिखारी ठाकुर पर ही केन्द्रित था। देर से पहुँचे भिखारी ठाकुर मंच पर न जाकर दर्शक दीर्घा में एक खाली कुर्सी पर बैठ गये। किन्तु यह क्या, वे तो भिखारी ठाकुर की ही निन्दा कर रहे हैं। भिखारी ठाकुर के कान खड़े हो गये। चौबेजी बोले जा रहे थे–"भिखारी ठाकुर मौलिक नहीं हैं। 'बिदेसिया' पर 'प्यारी सुन्दरी वियोग' से लेकर अन्य चीजों का प्रभाव है। रघुवीर सहाय का 'बटोहिया', पाठक द्विजराम, मुनिया-दुनिया बाई, नल-दमयन्ती, बीसलदेव रासो, बिदेसिया सब एक ही है। 'गबरघिचोर' पर ब्रेख्त के नाटक 'काकेशियन सर्किल' का प्रभाव है। भिखारी में क्या है–ब्राह्मण निन्दा, नाई स्तुति, अपना बखान, अहं ब्रह्मास्मि! यही सब न।" भिखारी ठाकुर से आगे नहीं सुना गया। शिवपूजन सहाय ने उठकर सम्भाला कि वैसे तो तुलसीदास भी मौलिक नहीं हैं–'नाना पुराण निगमागम सम्मतम्...'। पर भिखारी ठाकुर का दिल टूट चुका था। इतने बड़े विद्वान को जवाब कैसे दें? फिर विद्वानों की सभा में उसकी सुनेगा कौन? ब्रेख्त, बीसलदेव रासो, जिसका नाम भी नहीं सुना था। भिखारी ठाकुर वहाँ से चुपचाप उठकर चल दिये, समारोह में शामिल ही नहीं हुए।

तथाकथित सम्भ्रान्त और कुछ बड़े लोग तो भिखारी के विरोधी थे ही, कुछ पिछड़े वर्ग के उच्च जाति के लोग भी उनसे जलते थे। वे किस-किस को जवाब दे? ऐसे ही एक भोजपुरी कवि थे–शिवनन्दन भगत। वे जाति के ग्वाला थे और आरा जिला के रजवारा में उनका घर था। बताया जाता है कि पहले वे भिखारी ठाकुर के नाच में रहते थे। किन्तु मतभेद हो जाने के कारण वे वहाँ से निकल भागे। भिखारी ठाकुर के विरोध में उनका एक गीत मिलता है, जो इस प्रकार है:–

"जाति के हजाम भइले, पेशा के नापाक कइले,
हिजरा के गिनती में, गइले रे भिखरिया।
दोकड़ा के सेन्दुर कऽके, बुढ़िया बनके नाच कइले,
रोपेया में इज्जत गँवइले रे, भिखरिया।
मूढ़-मूढ़ लोग तोरा, नाच के बखान कइले,
अतने में गइले अगराई, रे भिखरिया।
अपने त माटी भइले, रमई के धूरा कइले,
कुलवा में दगवा, लगइले रे भिखरिया।
छोटे-छोटे छोकरन के, सरिया पेन्हाई कर,
शहरन में टिकट लगवले, रे भिखरिया।"

–(राजेन्द्र प्रसाद सिंह, भोजपुरी के शेक्सपियर भिखारी ठाकुर)

भिख़ारी के नाच में न जाने कितने कलाकार आये और गये। ज़ाहिर है, जानेवालों की कुछ शिकायत भी रहती रही होगी। भिखारी ठाकुर इसे खुद ही महसूस करते थे और उन्हें जाने की इजाजत दे देते थे। किसी-किसी को निकाल भी देते थे। इसके बारे में उन्होंने 'भिखारी शंका समाधान' में लिखा भी है–"हमारे मण्डली में बहुत सा आदमी आया, नकल पाठ सीख लिया, रुपया कमाया, रुपया कमाकर चला गया और ख़ास मण्डली बाँध लिया, कोई-कोई दूसरे मण्डली में रह गया। कोई अपना पेशा कर रहा है। इस समय में जितना मण्डली में है, इन लोगों को भी हमारे मण्डली में रहने का कुछ ठीक नहीं है। चाहे वे लोग साल लग जाने पर चला जाये, चाहे हम जबाब दे दे। ठीक नहीं कह सकता। तदपि इस समय में जो-जो समाजी हमारे मण्डली में है, इन सब लोगों के ख़ास करके घर छपरा जिला में है।"

ज़ाहिर है भिखारी का मन सामाजिक जीवन के कतिपय अपमान और तिरस्कार से दुखी रहता था। इन सामाजिक बुराइयों का भिखारी ने अपने गीत और नाटकों द्वारा प्रतिरोध किया है। भिखारी ठाकुर ने अपनी रचनाओं की नकल करके छपवाकर बेचने और निन्दा करनेवालों को भी करारा जवाब दिया है।

"तूँ का करबऽ निन्दा अबहि जिन्दा बाटे तनवाँ, जहँ-तहँ होत दरबार में बखनवाँ।
भुक-भुक कर भगजोगनि समनवाँ, मनवाँ में कहेले जे हमहूँ हईं चनवाँ।
निन्दा कर के लुटि लेल पाप के खजनवाँ, हठ कऽके कइले बाड़, झूठहूँ के सनवाँ।
कहत 'भिखारी' सेर से न तुलि कनवाँ, छापने छपावे वाला कई एक जनवाँ।"

भिखारी को अक्सर लोग 'नचनिया' कहते थे, जो पारम्परिक नाच के लिए एक अपमानबोधक सम्बोधन था। यह बात अलग है कि भिखारी ठाकुर लोगों को अपना परिचय देने के लिए व्यंग्य से यही बात कहकर अपना परिचय देते थे–"हम हईं भिखारी ठाकुर, नचनियाँ!" पर उन्होंने अपने नाटक और गीतों के सन्देश और संवाद में हमेशा इसका प्रतिकार किया।

"कहत 'भिखारी' हम ना हऊई नचनियाँ,
नचवे में रहिकर कहीला कहनियाँ। लगनियाँ..."

(मैं नचनियाँ नहीं हूँ। बल्कि नाच में रहकर नाच के माध्यम से देश-दुनिया और समाज की सच्ची कहानी कहता हूँ।)

केहू कहत बा रायबहादुर, केहू कहे शेक्सपियर

कहा जाता है कि एक बार आरा के कलक्टर ने उनके सरकारी कार्यक्रम के दौरान

मंच से दर्शकों को कहा था कि "भिखारी ठाकुर हमारे देश और जाति के गौरव हैं। मेरे सुनने में आया है कि कुछ ईर्ष्यालु लोग उनको 'रे' कार देकर बुलाते हैं, जातिसूचक नाम लेकर अपमानित करने की कोशिश करते हैं। यह शर्म की बात है। अपने नाच के द्वारा वे समाज का सुधार करते हैं। वे भारतीय समाज और संस्कृति के मालिक हैं। इसीलिए हमारा अनुरोध है कि उन्हें केवल 'मालिकजी' कहकर बुलाया जाये।" तभी से लोग उन्हें मालिकजी या मलिकजी कहने लगे। इस बात में जो भी सच्चाई हो, पर उनको जहाँ कुछ लोगों द्वारा तिरस्कार और प्रतिकार का सामना करना पड़ा, वहीं समाज के बड़े वर्ग द्वारा उन्हें हमेशा सम्मान ही मिला। उनके मित्र रामानन्द सिंह की मृत्यु के बाद उनके पुत्र गुप्तेश्वर सिंह और उनके सम्बन्धियों से भी उनको भरपूर श्रद्धा और सम्मान मिले। कहते हैं रामानन्द सिंह के एक रिश्तेदार बाबू रामनारायण सिंह जब छपरा में पुलिस के जमादार बनकर आये, तो वे भिखारी ठाकुर को सम्मानपूर्वक अपने घर ले गये और घर की औरत और बच्चों को उनका पैर छूकर आशीर्वाद लेने को कहा। औरत और बच्चों ने उनका नाम सुना था, कभी देखा नहीं था। भिखारी ठाकुर को साक्षात् अपने घर में पाकर वे फूले नहीं समाये। भिखारी ठाकुर ने संकोच पूर्वक सम्मान स्वीकार किया और बच्चों को आशीर्वाद दिया कि 'खूब पढ़ी-लिखीं अउर राजेन्द्र बाबू जइसन महान बनीं।'

भिखारी को उनकी उपलब्धियों के लिए अनेक उपहार और सम्मान मिले। भारत

की ग़रीब, उपेक्षित, विशेषकर दलित जनता ने भिखारी को अपार सम्मान, श्रद्धा और स्नेह दिया। भोजपुरी क्षेत्र के हथुआ, बेतिया, रामनगर, डुमरिया, बहुरिया, श्यामबाबू (छपरा) सोनपुर आदि तत्कालीन राजा और ज़मींदारों द्वारा उन्हें अनेक सम्मान, पुरस्कार, शिल्ड और मेडल मिले। बिहार सरकार और गवर्नर द्वारा उन्हें 'संगीत-नाटक अकादमी पुरस्कार' (1954) भी मिले। इसके अलावा उन्हें कई अन्य राजकीय पुरस्कार और सम्मान मिले। भिखारी ने खुद ही लिखा है कि जवानी बीत जाने पर बुढ़ापे में दिनांक: 29

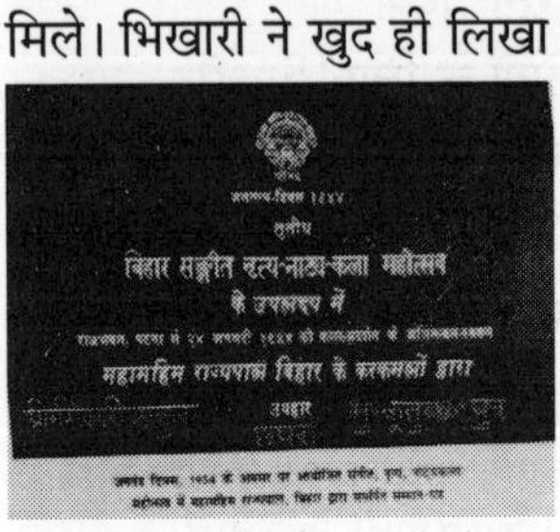

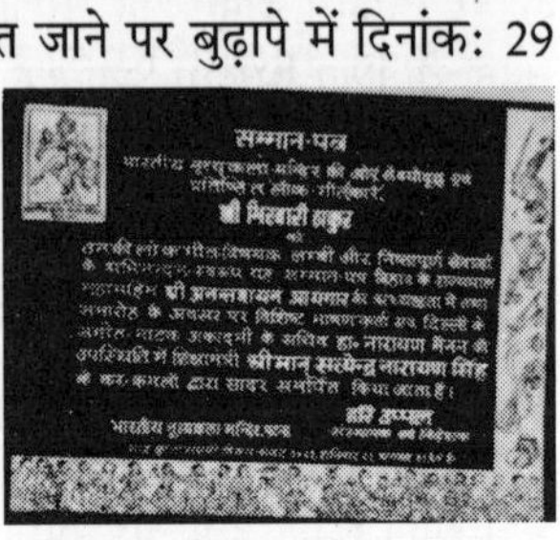

अगस्त 1964 को पटना के 'नृत्यकला मन्दिर' में लाट साहेब (गवर्नर) द्वारा उन्हें

ताम्रपत्र, चादर और प्रमाण-पत्र देकर सम्मानित किया गया। इसके कर्त्ताधर्त्ता थे निदेशक 'हरि उप्पल'। इस सम्मान से भिखारी ख़ुश हैं और कामना करते हैं कि ऐसे दिन बार-बार आते रहे।

"उन्नतीस आठ चउसठ साल। परल भिखारी के जयमाल।।
पटना कला मन्दिर के भीतर। तामा-पत्र पर लिखल पवितर।।
लाट साहब का सनमुख पवली। धन-धन करके भाग मनवली।।
लगन-मुहुरत अइसन अइलन। छह से साँझ सात बजि गइलन।।
आज के जलसा खूबे लउकल। जहाँ के कर्त्ता 'हरी उप्पल'।।
ईश्वर करस जे अइसन दिन। लौटत रहस फेनु फिन।।"

भिखारी ठाकुर ने खुद ही लिखा है:–

"केहू कहत बा रायबहादुर, केहू कहे शेक्सपियर।
केहू कहत बा कवि भिखारी, घर कुतूबपुर दियर।।"

किन्तु यही भिखारी एक वर्ष बाद 1965 में कलकत्ते के अपने 'अभिनन्दन समारोह' में राँची विश्वविद्यालय के प्रो. राम सुहाग को दिये अपने इण्टरव्यू में यह पूछे जाने पर कि "आपको रायबहादुर की उपाधि कब मिली? आपको कितने पुरस्कार कब-कब मिले?" बताते हैं कि "मुझे कुछ भी याद नहीं है कि किसने मुझे कब कौन-सा पुरस्कार दिया।" एक जगह अन्यत्र भी भिखारी ठाकुर ने कहा है कि "मुझे सम्मान-पुरस्कार का कोई गर्व नहीं है। सम्मान कलाकार को नहीं, उसकी कला को मिलता है। इसलिए घमण्ड नहीं करना चाहिए।" भिखारी ठाकुर को राजकीय सम्मान तो मिले, पर उन्हें आज तक कोई राष्ट्रीय सम्मान नहीं मिला है। 'भारत रत्न' जैसी ख्याति और हस्ती वाले देश के इस लोककलाकार को 'पद्म' पुरस्कार भी नहीं मिला, जबकि इन्हीं की पार्टी के अन्तिम पीढ़ी के जीवित कलाकार रामचन्द्र माँझी को वर्ष 2021 का 'पद्मश्री' पुरस्कार मिल गया। यह गौरव की बात है, पर भिखारी ठाकुर को मरणोपरान्त भी 'भारत रत्न' दिया जाना चाहिए। अपने चहेतों के लिए भिखारी 'मालिक जी' थे। पर विरोधियों के लिए 'भिखरिया' ही बने रहे। उनकी कला की ऊँचाई के सामने उनका अपमान बौना साबित हुआ। उन्होंने अपने तमाम सम्मान, स्वर्ण प्रतीक और मेडल्स को अपने एक नये जैकेट में टाँगकर सहेज लिया था। सम्मान-पत्र कमरे की दीवारों पर टँगे थे। वह जैकेट और सम्मान-पत्र आज भी सुरक्षित हैं।

भिखारी ठाकुर के तीन पोतों में दूसरे स्व. हीरालाल ठाकुर के पुत्र और भिखारी के प्रपौत्र राकेश ठाकुर, जो सरकारी स्कूल में शिक्षक हैं, के सम्पर्क और साक्षात्कार

द्वारा भिखारी ठाकुर के जीवन के कई अनछुये पहलुओं की जानकारी मिली। उनके 'बेटी-वियोग' आदि नाटकों पर समाज की प्रतिक्रिया और पुरस्कार-सम्मान आदि के सम्बन्ध में भी नयी जानकारी मिली।

राकेशजी की पत्नी शुभ्रा भी शिक्षिका हैं और अभी हाल ही में विभागीय परीक्षा देने जब वे मुज़फ़्फ़रपुर आये, तो मेरे घर पर भी आये और मेरे साथ अपने पूरे परिवार का फ़ोटो भी खिंचवाया। भिखारी ठाकुर का 'बेटी वियोग' (बेटी-बेचवा) नाटक उनके अपने ही गाँव के एक व्यक्ति द्वारा बेटी बेचने की सच्ची घटना पर आधारित है। इस नाटक के प्रकाशन और प्रदर्शन के बाद उस परिवार ने भिखारी ठाकुर का गाँव आना दूभर कर दिया था। बाद में छपरा शहर में स्थित उसी जाति के एक दबंग गृहस्थ और गल्ला व्यापारी कपिलदेव सिंह ने पत्र लिखकर उस व्यक्ति को चेतावनी दी कि यदि भिखारी ठाकुर को कुछ हुआ, तो ठीक नहीं होगा। भिखारी ठाकुर की इज्जत हमारी इज्जत है। यह तो नाच-तमाशा है। तब से भिखारी ठाकुर फिर से गाँव जाने लगे। उसी प्रकार उनका 'विधवा विलाप' भी गाँव की ही एक घटना पर आधारित है। उनके सभी नाटक किसी न किसी सच्ची घटना पर आधारित हैं। उनके नाटक और गीतों में अनुभव और अनुभूतियों की गहराई है। वे सभी समाज के यथार्थ से जुड़े हैं।

प्रारम्भिक सामाजिक जीवन में भिखारी ठाकुर को जितना ही दुत्कार, फटकार और अपमान झेलना पड़ा हो, उनके बाद का कलाकार जीवन उतना ही सम्भ्रान्त और सम्मानित रहा। समाज के छोटे-बड़े, बच्चे, बूढे, जवान, स्त्री-पुरुष सभी उनका आदर और सम्मान करते थे। भिखारी की एक झलक के लिए लोग तरसते थे। एक बार भिखारी ठाकुर जब छपरा कचहरी में आये, तो उन्हें देखने के लिए लगभग पूरा ट्रेन खाली हो गया। "स्टेशन मास्टर ने भिखारी ठाकुर से मिलकर पूछा–'ठाकुरजी, आपको देखने की ख़ातिर फर्स्ट और सेकेन्ड क्लास के तो कम, मगर थर्ड क्लास के लगभग सभी पैसेन्जर ट्रेन से उतरकर यहाँ आ पहुँचे हैं।' भिखारी ठाकुर ने मुस्कुराते हुए कहा था, 'इसकी भी वजह है। मैं भी तो थर्डक्लास का ही आदमी हूँ न।" (धर्मयुग, 1 जून, 1986, भगवती प्रसाद द्विवेदी, 'भोजपुरी के शेक्सपियर भिखारी के गाँव में') इसी प्रकार पटने में एक बार पंकज मल्लिक और भिखारी ठाकुर के कार्यक्रम एक ही साथ हुए। पंकज मल्लिक का शास्त्रीय संगीत सुनने बहुत कम

लोग आये। किन्तु भिखारी ठाकुर के नाच में दर्शक-श्रोताओं का हुजूम जुट गया। बैठने की जगह छोटी पड़ गयी। कार्यक्रम के बाद पंकज मल्लिक भिखारी ठाकुर से मिले और पूछा–"ठाकुरजी, आपके नाच में इतनी भीड़ कैसे जुटती है, जबकि हमारे प्रोग्राम में गुने-चुने लोग आते हैं?" भिखारी ठाकुर ने वही जबाव दिया कि "आपलोग बड़े आदमी हैं, आपकी कला बड़ी है। इसीलिए आपको सुनने के लिए बड़े लोग जाते हैं। और बड़े लोग तो ज्यादा होते नहीं। छोटे लोगों से ही दुनिया भरी पड़ी है। मैं भी छोटा आदमी हूँ–थर्डक्लासी। इसीलिए मेरे प्रोग्राम में ऐसे लोगों की भीड़ हो जाती है।"

भिखारी ठाकुर की कला में वह जादू था कि लोगों को जब पता चलता कि भिखारी ठाकुर का नाच हो रहा है, तो वे परोसा हुआ खाना छोड़कर दौड़ पड़ते थे। बस-ट्रेन की सवारी छोड़कर लोग नाच देखने के लिए रुक जाते थे। भिखारी ठाकुर ग्रामीण-संस्कृति के सफल चितेरा थे। विनयशीलता, मृदुभाषिता और ईमानदारी उनके विशिष्ट गुण थे। उनके पौत्र राजेन्द्र ठाकुर ने कहा था कि वे घर पर चौकी और खाट पर नहीं सोते थे। जमीन पर चटाई बिछाकर सोते थे और छोटे-बड़े सबको हाथ जोड़कर अभिवादन करते थे।

दिन एतवार रहे, बिहिया बाज़ार रहे

भोजपुरी क्षेत्र में एक गीत प्रसिद्ध है, 'दिन एतवार रहे, बिहिया बाज़ार रहे', जो भिखारी ठाकुर का बताया जाता है। किन्तु यह गीत अब तक प्रकाशित उनकी किसी रचना या संग्रह में नहीं हैं। लेकिन उनके इलाके के लोग इसे रस ले-लेकर गाते हैं। भोजपुरी के कुछ गायकों ने भी इसे गाया है। गीत की कुछ पंक्तियाँ इस प्रकार है:-

"दिन एतबार रहे, बिहिया बाज़ार रहे,
बइठल रहे पान के दोकान रे बबनमा।
देहिया हऽ गोरे-गोर, नकिया सुग्गा के ठोर,
पनमा खियाके जनमा, ले-ले रे बबनमा।
लाठी करे ठक-ठक, भाला करे चभ-चभ,
हल्लवा में भलवा धँसवले रे बबनमा।
गावेलन भिखारी नाई, जिला छपरा के भाई,
कुतुबपुर परेला मकान रे बबनमा।"

इस गीत के पीछे एक कहानी है। भिखारी ठाकुर के नाच में लड़की और स्त्रियों की भूमिका निभाने और नाचने-गानेवाले पुरुष पात्र ही होते थे। उस जमाने में यही

प्रचलन था। नाचने-गाने वाले ऐसे किशोर और जवान लड़कों को 'लवण्डा' कहा जाता था। ज़ाहिर है ये लड़के देखने में सुन्दर और गोरे होते थे। गाँव के कुछ बुजुर्ग लोग बताते हैं कि नाच-तमाशे के लवण्डों पर कुछ लफुआ और मनचले किस्म के लड़के मोहित हो जाते थे और चाहते थे कि वे उनके सम्पर्क में रहे। भिखारी के नाच के लवण्डों पर भी कभी-कभी ऐसा ही होता था। पर भिखारी ठाकुर के नाच में कड़ा अनुशासन था। कलाकारों को किसी दर्शक से व्यक्तिगत हेलमेल रखने की मनाही थी। किन्तु कभी-कभी ऐसे मनचले युवक दर्शकों के बीच में बैठकर भिखारी के नाच में नाचने-गानेवाले लवण्डों को रूमाल में रुपये-पैसे बाँधकर भाले की नोक पर उनके पास बढ़ा देते थे। लवण्डे रुपये लेकर उनकी वाहवाही कर देते थे। इससे वे ख़ुश हो जाते थे और अपने साथियों के बीच शेखी बघारते चलते थे कि भिखारी के फलाने लवण्डे से मेरा सम्बन्ध है। कभी-कभी हाट-बाज़ार में चलते-फिरते ऐसे लवण्डों को जबरन बाँहों में भरकर वे मनचले युवक चूमते और अपने साथियों के बीच अपने सम्बन्ध का प्रमाण देते थे।

ऐसे ही एक लवण्डे का नाम बब्बन था, जो देखने में काफ़ी सुन्दर था। नाचने में भी कलावन्त था। एक मनचला युवक उसे रस्ते-पैंड़े, हाट-बाज़ार में बहुत तंग करता था। उसने उसे भला-बुरा कहा और चुनौती दे दी कि हिम्मत है, तो बिहिया बाज़ार पर आकर फरिया लो। बिहिया बाज़ार उसके क्षेत्र का बाज़ार था। उसने अपनी जाति के कुछ लठैतों को जुटा लिया था और एक पान की दुकान पर बैठकर उस मनचले युवक की प्रतीक्षा कर रहा था। उसने अपने भाले को छुपा रखा था। इतने में वह युवक भी अपने साथियों के साथ आ धमका और दोनों ओर से भिड़न्त हो गयी। लाठियाँ बरसने लगीं। इसी हल्ला-गुल्ला में बब्बन नामक उस लवण्डे ने भाला चला दिया, जिससे वह युवक घायल हो गया। भगदड़ मच गयी और लोग भाग खड़े हुए। उस युवक को अस्पताल ले जाया गया और वह बच गया। उसके बाद बब्बन ने नाच छोड़ दिया और उस युवक ने नाच देखना। भिखारी ठाकुर की कड़ाई के कारण उनके नाच में भाले की नोक पर पैसे देने का रिवाज भी बन्द हो गया। लेकिन भिखारी ठाकुर ने इस पर एक गीत बना दिया।

कुछ लोगों का कहना है कि बब्बन एक सुन्दर नर्त्तक ज़रूर थे, जब वे साड़ी पहनकर नाचते, तो उनके रूप के सामने सुन्दर-से-सुन्दर औरत भी फींकी पड़ जाती। उनका घर बिहिया बाज़ार के पास ही था। वे पान भी खूब खाते थे। इसीलिए कभी-कभी बिहिया बाज़ार में पान की दुकान पर भी बैठते थे। कुछ लोग उन्हें दुसाध जाति का बताते हैं, तो कुछ लोग यादव जाति का। भिखारी ठाकुर या अन्य कई नाचों में

वे नाचते भी थे। पर उन्होंने कभी भाला चलाकर किसी को मारा नहीं। हाँ, वे बिहिया बाज़ार पर जब कभी आकर पान की दुकान पर बैठते, पानवाले की बिक्री बढ़ जाती थी और कभी-कभी बब्बन को देखने और सम्पर्क बढ़ाने के लिए लाठी-भाला भी चल जाते थे। इसीलिए किसी ने यह गीत बना दिया। वे 2003 तक जीवित रहे। कोई कहता है कि वे भिखारी ठाकुर के नाच के लवण्डा नहीं थे, तो कोई कहता है-थे। कुछ लोग इस गीत को भिखारी ठाकुर का गीत होने से इनकार करते हैं और कुछ लोग कहते हैं–यह भिखारी ठाकुर का ही गीत है।

सच्चाई चाहे जो भी हो, पर यह गीत भोजपुरी क्षेत्र में भिखारी ठाकुर के नाम पर प्रचलित है। यदि यह भिखारी ठाकुर का गीत न भी हो, तो यह उनकी लोकप्रियता को ही दर्शाता है। यह भी सच है कि भिखारी ठाकुर के सभी गीतों का संकलन अभी तक नहीं हुआ है। क्षेत्र के बड़े बुजुर्गों के पास भिखारी ठाकुर के लिखे और गाये ऐसे अनेक गीत मिलते हैं। इस पर शोध-अनुसंधान करने की ज़रूरत है।

भिखारी ठाकुर पर प्रसिद्ध कवि केदारनाथ सिंह से लेकर महेश्वराचार्य, अविनाशचन्द्र विद्यार्थी, कपिलजी आदि कवियों ने तो कविता लिखीं ही, उनके क्षेत्र में उन पर ऐसे गीत भी प्रचलित हैं, जिनके कवि अनाम हैं। इसी तरह के कुछ गीत हैं–"धन-धन भिखारी ठाकुर, धन इ इलाका हो भिखारी काका।" "केहू केतनो गाई बजाई, ठाकुर भिखारी ना होई।" भिखारी की लोकप्रियता आज किंवदन्ती और मिथक बनकर भोजपुरी क्षेत्र में प्रचलित है।

इन तमाम प्रसिद्धि और लोकप्रियता के बावजूद भिखारी ठाकुर को अपने कला प्रदर्शन में क्षेत्र के मालिक और ज़मींदारों के प्रभाव में रहना पड़ता था। वे ख़ुद भी इसका ख़्याल रखते थे। भले ही वे अचानक आये सरकारी कार्यक्रम को नज़रअन्दाज़ कर दें, पर मालिक और ज़मींदारों के यहाँ कार्यक्रम बनता, तो उन्हें जाना पड़ता था। इसीलिए उन्होंने अपने 'साटा' के काग़ज़ पर पहली ही पंक्ति में लिख रहा था कि :-

"मालिक आ भगवान से बाचव।
तन रऊआ 'साटा' में नाचव।।"

मालिक माने ज़मींदार और भगवान माने ईश्वरीय (प्राकृतिक) आपदा। इसके दो कारण थे–एक तो उन्हें सबसे ज़्यादा मान-सम्मान, पुरस्कार और पैसे उन्हीं लोगों से मिलते थे। दूसरा ढहती हुई ज़मींदारी के बावजूद क्षेत्र में ज़मींदारों का ही राज चलता था। आम जनता और रैचतों में उनके रोब-दाव का प्रभाव अब भी शेष था। फिर भी ऐसे अवसर कम ही आते थे।

भिखारी ठाकुर की बहुजन चेतना और सामाजिक न्याय

'कहत भिखारी नाई, जिला छपरा के भाई।' भिखारी ठाकुर ने अपने सभी गीतों के अन्त में अपना और अपनी जाति का नाम लिया है। अपना ही नहीं, अपनी जाति और समाज की पहचान गर्व के साथ किया है। उन्होंने अपनी जाति के नाम पर 'नाई बहार' और 'भिखारी जयहिन्द ख़बर' तथा वर्ण-व्यवस्था के नाम पर 'चौवर्ण पदवी' पुस्तकें लिखी हैं। इसके साथ ही अपनी रचना के पात्र और कलाकारों की जाति भी लिखी है। उन्होंने बार-बार अपने पेशेगत औजार और प्रतीकों की चर्चा की है। उनके गीतों में छूरा, कैंची, नहरनी, हजाम, हजामत, नाई, पौनी आदि शब्द बार-बार आये हैं। इससे पता चलता है कि जाति और वर्ण-व्यवस्था की चिन्ता भिखारी ठाकुर के मन में गहराई से बैठी हुई है।

भिखारी का रचना काल 1916-17 से लेकर 1971 तक है। लगभग 50-55 वर्षों के इस लम्बे अन्तराल में हिन्दी साहित्य ने छायावाद, राष्ट्रवाद और प्रगतिवाद की दूरियाँ तय कर ली थी। इस बीच भारतीय साहित्य और समाज का मिजाज जाति और सम्प्रदाय के संघर्षों से टकराता हुआ निरन्तर उनके खात्मे की ओर बढ़ रहा था। प्रेमचन्द गाहे-ब-गाहे अपनी रचनाओं में जाति का नाम ले लिया करते थे, अन्यथा साहित्य से लगभग जातियाँ गायब थीं। प्राचीन लोकसाहित्य बिहुला-विषहरी, रानी सारंगा, बृजाभार, लोरिकाईन, सूरमा-शैलेश, चुहड़मल, आल्हा-ऊदल आदि में जातियाँ थीं। भिखारी के नाच, नाटक, अभिनय और गायन केवल लोकसाहित्य नहीं थे। वह लोकभाषा के माध्यम से तत्कालीन समाज का यथार्थ चित्रण था। उनकी रचनाओं में कोई इतिहास नहीं था, वर्तमान था। कुछ मिथक अवश्य थे, पर वे वर्तमान की प्रस्तुति के सहायक तत्त्व थे। फिर भिखारी ठाकुर ने अपनी रचनाओं में जातियों का नाम क्यों लिया है? उत्तर है नवजागरण काल में बंगाल, महाराष्ट्र और उत्तर भारत

में चल रहे समाजसुधार आन्दोलन, ख़ासकर स्त्री और शूद्र-अतिशूद्रों के उद्धार और छुआछूत से मुक्ति के आन्दोलन का प्रभाव।

भले ही उनकी रचनाओं में समाजसुधारकों के नाम नहीं आये हों, पर उनकी नजर में राजाराम मोहन राय, रामकृष्ण परमहंस, विवेकानन्द, जोतिबा फुले, आर्यसमाज, अछूतानन्द, महात्मा गांधी और अम्बेडकर के आन्दोलन अवश्य रहे होंगे। इसीलिए उन्होंने स्त्री, दलित और शूद्रों की मुक्ति को अपना विषय बनाया और अपनी रोचक शैली में उसका प्रतिकार किया। यह प्रतिकार प्रत्यक्ष प्रतिकार नहीं था। नवजागरण की पृष्ठभूमि में पहले के 'सिद्ध-नाथ' और 'भक्तिकाल' के कबीर, रैदास आदि निर्गुणियाँ सन्त भी थे, जिनके साहित्य में जाति और वर्ण-व्यवस्था का विरोध और शास्त्रीय मतों के खण्डन-मण्डन की प्रवृत्ति प्रचुरता से मिलती है। इसका प्रभाव 'बंगाली नवजागरण' पर स्पष्ट रूप से दिखायी पड़ता है। भिखारी ठाकुर उसी बंगाली नवजागरण से प्रभावित हैं। उनमें नारी-उत्थान, बाल विवाह, वेश्या और विधवा समस्या आदि हैं; पर भिखारी में जाति और वर्ण-व्यवस्था, ब्राह्मणवादी कर्मकाण्ड तथा धार्मिक अन्धविश्वासों का सीधा विरोध नहीं है? ऐसा क्यो है? इसका जवाब है खण्डन-मण्डन के गुरु और समाजसुधारक समाज से दूर रहकर शिक्षा दे रहे थे। उन्हें समाज के बीच रहने का मौका कम ही मिलता था; जबकि भिखारी ठाकुर को दिन-रात उसी समाज में रहकर जीना-मरना और रोजी-रोटी जुटाना था। इसीलिए उन्होंने अप्रत्यक्ष रूप से उनका विरोध किया है, प्रत्यक्ष रूप से नहीं। लेकिन दहेज-प्रथा, विधवा जीवन, भाई-भाई में विरोध, बिखरते परिवार, नशाखोरी, बेमेल-विवाह आदि का उन्होंने सीधा विरोध किया है।

"रोबत बानी सिर धुनि, इहे छछनल सुनि,
बेटी मत बेचे दीहऽ केहु के हो बाबूजी।
आपन होखे तेकरो के, पूछे आवे सेकरो के,
दीहाऽ सबके पति, दुलहिन जोग हो मोर बाबूजी।।"

भिखारी ठाकुर के समय और समाज को देखें तो उन्होंने लिखा है—"नौ बरस के जब हम भइली। बिद्या पढ़न पाट पर गइली।। वर्ष एक तक जबदल मति। लिखे ना आइल रामगति।।" दिसम्बर 1887 में उनका जन्म हुआ था और इस हिसाब से नौ वर्ष का वह समय 1896-97 रहा होगा, जब शिक्षा के क्षेत्र में 'हण्टर कमीशन' की सिफारिशें लगभग लागू हो चुकी थीं और दलित-पिछड़ों (शूद्र-अतिशूद्रों) को शिक्षा का अधिकार मिल चुका था। इसके लिए महाराष्ट्र में जोतिबा फुले और उनकी पत्नी सावित्रीबाई फुले ने स्त्री और दलित-पिछड़ों के लिए स्कूल खोलकर आन्दोलन

चलाया था। 1887 में जोतिबा फुले ने 'हण्टर कमीशन' के सामने शूद्रातिशूद्रों की शिक्षा का अपना विस्तृत प्रस्ताव रखा था, जिसे लगभग मान लिया गया था। किन्तु इस वर्ग के बच्चे कम ही स्कूल जा पाते थे। सम्पन्न शूद्र वर्ग के बच्चे ईसाई मिशिनरी स्कूल में पढ़ लेते थे। गुरुकुल जैसी संस्कृत पाठशालाएँ थीं, जिनमें सवर्ण बच्चे पढ़ते थे। मदरसे भी थे, जिनमें मुस्लिम बच्चे और कुछ सामान्य बच्चे भी पढ़ते थे। दलित-पिछड़े वर्ग के बच्चे सामान्य सरकारी स्कूल (सरकार द्वारा मान्यता प्राप्त) में ही जाते थे। उन्हें चटकुनी (छोटी चटाई) या बोरी पर अलग बिठाया जाता था। गाँव-समाज की तरह स्कूल में भी शिक्षक और सवर्ण छात्र उनसे भेदभाव करते थे। सामान्य मान्यता थी कि दलित-पिछड़े वर्ग के लोग मजदूरी-किसानी के लिए बने हुए हैं, शिक्षा उनके वश की चीज नहीं है।

भिखारी ठाकुर ने अपनी रचनाओं में जात-पात और छुआछूत पर परोक्ष रूप से करारी चोट की है। भिखारी ठाकुर वर्ण-व्यवस्था, ऊँच-नीच, छुआछूत और भेदभाव से दुखी ज़रूर थे, पर ऊँची जातवालों के साथ जातिगत अदब से पेश आते थे; किन्तु वे नीची जातिवालों के साथ बराबरी का व्यवहार रखना चाहते थे। संजीव ने भिखारी ठाकुर के जीवन पर आधारित अपने उपन्यास 'सूत्रधार' में लिखा है कि एक बार सुन्दर गौर वर्ण के कारण यज्ञ के पुरोहित ने बालक भिखारी को यज्ञशाला की चौक पूरने में लगा दिया था। किन्तु बाद में उसकी जाति की पहचान होने पर उसकी भारी फजीहत हुई थी और उसी के सामने गंगाजल से उस यज्ञशाला को शुद्ध किया गया था। भिखारी सोचते जिस गंगाजल को नाई-कहार ही ढोकर लाते, वह पवित्र कैसे हो गया?" बचपन से छुआछूत और दलित-बोध का दंश झेलते-झेलते भिखारी ने जीवन का गहरा अनुभव कर लिया और इस जाति-व्यवस्था और छुआछूत के विरुद्ध अपने 'नाई बहार', 'चौवर्ण पदवी' तथा अन्य नाटक और गीतों में इस सुधारवादी चेतना का विस्तार किया।

जात-पांत का यह हाल था कि भिखारी ठाकुर के नाच की प्रसिद्धि के बावजूद जहाँ वे नाच करने जाते थे, भोजन, रात्रि-विश्राम और बात-व्यवहार में भी उन्हें ऊँची जाति के लोगों से वह सम्मान नहीं मिलता था, जो एक सम्मानित कलाकार को मिलना चाहिए। सरकारी कार्यक्रम और कुछ बड़े लोगों के अपवादों को छोड़कर अक्सर उन्हें नाच मण्डली के साथ अलग पत्तल पर खिलाया जाता और जमीन पर सुलाया जाता था। शादी-विवाह के लगन और यज्ञ के कार्यक्रमों में अक्सर ऐसा होता। यही कारण है कि भिखारी ठाकुर जहाँ भी अपने नाच का प्रदर्शन करने जाते, आस-पास के गाँवों में अपनी जाति के लोगों का घर खोजकर वहीं पर भोजन करते

और रात बिताते। वे जहाँ भी जाते थे, अपने साथ सत्तू की गठरी और छूरा-कैंची का लोखर लेकर चलते थे। उनके साथ उनके नाटक मण्डली का जोकर यमुना भी होता था, जिसे 'लबार' कहते थे। बिहार के गाँवों में नाई समाज के पुराने लोग ऐसे कई संस्मरण सुनाते हैं।

मुज़फ़्फ़रपुर जिले (बिहार) के मड़वा-पाकड़ गाँव के एक बुजुर्ग नाई महेन्द्र ठाकुर बताते हैं कि वर्ष 1959 में, जब वे पाँचवीं क्लास में पढ़ते थे, भिखारी ठाकुर उनके घर पर आये थे। शाम को जब वे स्कूल से घर आये, तो उनके दरवाजे पर एक बुजुर्ग व्यक्ति आये। वे धोती-मिरजई पहने थे, माथे पर पगड़ी थी, पैरों में चमरौंधा जूता और हाथ में लाठी, दाढ़ी-मूँछ सफाचट। उनके साथ मोटरी लिए एक व्यक्ति खड़ा था। "मेरे पूछने से पहले ही उन्होंने कहना शुरू किया–'हम भिखारी ठाकुर हऽईं, नचनियाँ! रामगुलाम ठाकुर हजाम के घर इहे हऽ। हम रात में इहाँ रहेऽब।' मैंने भिखारी ठाकुर का नाम सुना था, देखा नहीं था। हड़बड़ाकर 'हाँ' कहा, प्रणाम किया और दरवाजे की खाट पर बिछावन करके उनको बिठाया। मैं घर के अन्दर से लोटा में पानी ले आया। वे हाथ-पैर धोकर बैठे ही थे, तब तक पिताजी भी आ गये। प्रनामा-पाती और कुशल-क्षेम के बाद पिताजी ने सम्मानपूर्वक उन्हें नास्ता करवाया।"

धीरेधीरे गाँव में बात फैल गयी कि भिखारी ठाकुर आये हैं। वे बगल के गाँव चक-पीतम्बर में नाचने आये थे। एक बाबू साहेब की बेटी की शादी थी, कल होकर बनियापुर से बारात आनेवाली थी। "रात में मेरे दरवाजे पर लोगों की इतनी भीड़ जुटी कि लोगों के बैठने की जगह नहीं मिली। उसी में गाँव के बड़े घराने के एक मालिक थे–कायस्थ। उन्होंने भिखारी ठाकुर से पूछा कि 'आप बड़े लोगों के पास क्यों नहीं रुकते कि अपनी जाति-बिरादरी वालों के पास रुकते हैं?' ठाकुर जी ने अपनी मोटरी और लोखर की ओर इशारा करते हुए बताया- 'हम छोट आदमी बानी- सर-सोलकन। हई देखऽ तानी न, इहे हमार पूँजी बा-छूरा-कैंची के लोखर आ सत्तू-पिसान-नून-मर्चा के मोटरी। जहाँ जाइला, लेले जाइला। काहे से यदि खाये के ना मिले, त सत्तू बाऽ आ काम ना मिले, त छूरा-कैंची चलाके समय काट लिहल जाई। एक बार एक बाबू साहेब के दालान में रुकल रहीं। चटाई पर सुतली। भोरे जब नीन्द टूटल त देख तानी कि मोटरी आ लोखर दूनो गायब। कुछ दूर देखलीं, त मोटरी फाटल रहे और सत्तू-पिसान छितरायल। शायद कुत्ता खींचके भागल रहे। लेकिन लोखर के पता न लागल। तहिये से हम बड़ा लोगन के इहाँ न रुकिला।' कायस्थ बाबू साहेब को कोई जबाव न सूझा।" ऐसे थे–नचनिया भिखारी ठाकुर, रहन-सहन में भिखारी और नाच कला के राजा। उनका बड़प्पन था कि उन्होंने अपने परिचय में हमेशा अपने को 'भिखरिया' या 'नचनियाँ' कहा।

महेन्द्र ठाकुर ने आगे बताया–"कल होकर हमलोग भिखारी ठाकुर का नाच देखने गये। 'राधेश्याम बहार' नाटक में भिखारी ठाकुर को बूढ़ी सखी बना देखा। उनकी लय-तान, अभिनय और गायन देखकर सभी दंग रह गये। नाच का वैसा पाठ हमलोगों ने जीवन में फिर कभी नहीं देखा। रेवाघाट पर एक पुराना शिव मन्दिर है। वहाँ कभी-कभी 'जन्माष्ठमी' के समय आस-पास के राजपूत ज़मींदार लोग भिखारी ठाकुर का नाच मँगवाते थे। वहाँ भिखारी ठाकुर ने एक बार ब्राह्मण-पंडितों को तीन श्रेणी में बाँटकर मजाक में दूबे ब्राह्मणों को पण्डित, महापात्र ब्राह्मणों को खण्डित और शिवभक्त ब्राह्मणों को लण्डित कहा। किसी ने बुरा नहीं माना।"

भिखारी ठाकुर ने अपने नाच-गानों के आधार झूठे-सच्चे इतिहास और मिथकों को नहीं बनाया, तत्कालीन समाज में व्याप्त सामाजिक-आर्थिक समस्याओं को ही अपने नाटकों का विषय बनाया। जैसा कि पहले कहा है रोजी-रोटी के लिए पलायन और विस्थापन, स्त्री-पुरुषों के मिलन और वियोग, भाई-भाई में झगड़ा और बँटवारा, अवैध सम्बन्ध, बूढ़ों की स्थिति, बाल-विवाह, बेमेल विवाह और बेटी बेचना आदि ऐसी ही समस्याएँ थीं, जिन पर भिखारी ठाकुर के नाटक केन्द्रित हैं। उनके मन में जातिगत भेदभाव का गहरा बोध था। उस जमाने में जब दलित और शूद्रों को अपने से ऊँची जातियों का नाम लेना और नाम से पुकारना भी मना था। भिखारी ठाकुर ने नाम ले-लेकर उपदेश देने का साहस किया।

भिखारी ठाकुर और पिछड़ा वर्ग आन्दोलन

भिखारी ठाकुर की नाच-कला जिस समय उफान पर थी, उस समय तक आर्यसमाज का आन्दोलन लगभग ठंडा पड़ चुका था, लेकिन उसका प्रभाव समाज में गहराई से व्याप्त था। उत्तर भारत में अछूतानन्द 'हरिहर' (1879-1933), सन्तराम बी.ए. (1886-1988), चन्द्रिका प्रसाद जिज्ञासु (1885-1974), हीरा डोम (1885), बिहारी लाल हरित (1913-1999) आदि दलित-पिछड़े वर्ग से आये लेखक, कवि, प्रकाशक और समाजसुधारक आर्यसमाजी ही थे। दक्षिण भारत में जोतिबा फूले, डॉ. अम्बेडकर और पेरियार के आन्दोलन पर आर्यसमाज का प्रभाव नहीं था। इसका प्रभाव उत्तर के दलित-पिछड़े नेता और बुद्धिजीवियों पर भी पड़ा। इनमें से अधिकांश लोग डॉ. अम्बेडकर के सम्पर्क में थे। उत्तर की ब्राह्मणशाही के शोषण और दक्षिण में जोतिराव फूले, डॉ. अम्बेडकर और रामास्वामी पेरियार के शोषण-मुक्ति आन्दोलन के प्रभाव के कारण उत्तर के बुद्धिजीवी और सुधारकों के विचारों में क्रान्तिकारी परिवर्तन आये। पहले वे आर्यसमाज की तरह वर्ण-व्यवस्था को मानते हुए अपने शूद्र वर्ण की

श्रेष्ठता की स्थापना और उसके सुधार के प्रयास में लगे हुए थे। किन्तु अब उन्होंने जाति और वर्ण-व्यवस्था को ही मानने से इनकार कर दिया। वे मराठी नवजागरण की तरह जाति और वर्ण विहीन समाज की स्थापना पर बल देने लगे।

सन्तराम बी.ए. ने 'जाति-तोड़क मण्डल' की स्थापना की। इसी मण्डल की सभा में भाषण देने के लिए उन्होंने बाबा साहेब डॉ. अम्बेडकर को बुलाया था, जिनके भाषण की प्रति पहले ही मंगा ली गयी थी। किन्तु जाति तोड़ने का यह भाषण इतना उग्र और क्रान्तिकारी था कि तत्कालीन समाज इसे स्वीकार नहीं करता। उसमें वेद-निन्दा और वर्ण-व्यवस्था का कड़ा विरोध था। इसीलिए 'जाति-तोड़क मण्डल' ने अम्बेडकर से इस भाषण में थोड़ा सुधार करने का अनुरोध किया, जिसे बाबा साहेब ने इनकार कर दिया और अन्ततः सभा को रद्द कर देना पड़ा। बाबा साहेब का यही क्रान्तिकारी भाषण पुस्तक रूप में प्रकाशित होकर 'जाति का विनाश' (एनीहिलेशन ऑफ़ कास्ट) के रूप में चर्चित हुआ। चन्द्रिका प्रसाद जिज्ञासु अछूतानन्द के 'आदि हिन्दू' आन्दोलन में सक्रिय थे। उनकी मृत्यु के बाद उन्होंने इस मिशन को आगे बढ़ाते हुए उन्हीं की तरह शूद्रों को इस देश का मूल निवासी बताया और उनमें अधिकार चेतना पैदा की। उन्होंने अपना प्रेस खोला-'हिन्दू समाज सुधार कार्यालय और प्रेस', जो आगे चलकर 'बहुजन कल्याण प्रेस' हो गया। उनकी चर्चित पुस्तिका 'वीर जवाहर' को ब्रिटिश सरकार ने जब्त कर लिया था, जिसकी चार लाख पचास हजार प्रतियाँ छपी थीं। उनकी प्रसिद्ध पुस्तक 'मूल भारतवासी और आर्य' 'आदि हिन्दू आन्दोलन' का ऐतिहासिक ग्रन्थ है। उन्होंने दर्जनों पुस्तकें लिखीं। जिज्ञासु जी ही पहले विद्वान और लेखक थे, जिन्होंने बौद्ध साहित्य का अनुवाद, गौतम बुद्ध, बौद्ध विद्वान बोधानन्द, अछूतानन्द, बाबा साहेब अम्बेडकर और पेरियार की जीवनी लिखकर उनके व्यक्तित्व, कृतित्व और विचार दर्शन से हिन्दी जगत को परिचित कराया। जिज्ञासु जी के साथ शिवदयाल सिंह चौरसिया (1903-1995) ने भी 'आदि हिन्दू' और 'पिछड़ा वर्ग आन्दोलन' को आगे बढ़ाया। सन्तराम बी.ए. पंजाब के थे और बाकी विद्वान, सुधारक उत्तरप्रदेश के। बंगाल में 'मतुआ आन्दोलन', का समय भी यही था। बाद में बिहार से ही रामलखन चन्दापुरी का 'पिछड़ा वर्ग आन्दोलन' शुरू हुआ। इसीलिए बिहार सहित तमाम उत्तर भारत में उनके विचारों का असर पड़ा। भिखारी ठाकुर भी इससे अछूते नहीं रहे।

गांधी-अम्बेडकर के बीच 'पूना-पैक्ट' (1932) का समय भी यही है। पूना-पैक्ट में अछूतों को मिले आरक्षण के प्रभाव से उत्तर भारत में उभरे पिछड़ा वर्ग आन्दोलन का समय भी यही है। सबसे पहले बिहार में पिछड़ों के सामाजिक-राजीतिक अधिकार

के लिए गठित 'त्रिवेणी संघ' (1933) का उदय हुआ। फिर 'पिछड़ा वर्ग संघ' बना। इन तमाम आन्दोलन और गतिविधियों का प्रभाव भिखारी ठाकुर के साहित्य पर है।

जाति सभा में नाउ माथ

इन आन्दोलनों के बीच भिखारी ठाकुर की जाति के विद्वान पं. रेवती प्रसाद शर्मा ने नाइयों के अधिकार श्रेष्ठता के लिए 1923 में 'नायि-वर्ण-निर्णय' ग्रन्थ लिखा, जिसका नाई जातियों पर ख़ासा प्रभाव पड़ा। कुछ नाई बुद्धिजीवियों में यह चेतना पहले से आ रही थी और 'नाई-ब्राह्मण सभा' जैसी जातीय संस्था की स्थापना हो चुकी थी। रेवती प्रसाद शर्मा आर्यसमाजी थे और उन्होंने अपने साथियों के साथ मिलकर पूरे भारत में 'नाई-ब्राह्मण सभा' को विस्तार दिया। रेवती प्रसाद शर्मा संस्कृत के प्रकाण्ड विद्वान, शिक्षक और उपदेशक थे, जिन्होंने नाई जाति का इतिहास भी लिखा। वे उत्तरप्रदेश के थे और पक्के 'आर्यसमाजी' थे। आर्यसमाज ने जाति-व्यवस्था और छुआछूत का विरोध करते हुए सभी वर्णों को यज्ञकर्म से लेकर सारे शुभ कार्यों के अधिकार का आन्दोलन चलाया था। छोटी जातियों पर इसका व्यापक असर पड़ा। इसके प्रभाव से कायस्थ सहित तमाम शूद्र और अछूत जातियाँ अपने जातीय संगठन बनाकर अपने अतीत का गौरव-गान और वर्तमान स्थिति से उत्थान की बात करने लगी थीं। वे अपनी जातियों के उद्‌भव और विकास को ब्राह्मण या क्षत्रिय जैसे श्रेष्ठ वर्णों से जोड़ रहे थे। उनके प्रभाव से हिन्दी क्षेत्र के जिले-प्रान्तों और गाँव-घरों में भी जातीय संगठन तैयार होने लगे थे। भिखारी ठाकुर के क्षेत्र में भी ऐसे संगठन थे। भिखारी ठाकुर पर भी इसका प्रभाव दिखायी पड़ता है। भिखारी ठाकुर ने नाच की बदौलत भले ही शोहरत पा ली हो, पर उनका मूल पेशा तो 'नाईगीरी' ही था। अब भी उनके परिवार और समाज के लोग उसी पेशे में रहकर जातीय शोषण झेल रहे थे। इसीलिए वे अपने नाच के व्यस्ततम कार्यक्रमों से भी समय निकाल कर ऐसी सभाओं में जाया करते थे और जाति के उत्थान के लिए अपने विचार रखते थे।

वर्ष 1931 में सम्पन्न एक ऐसी ही सभा का प्रमाण मिला है, जिसमें भिखारी ठाकुर ने भाग लिया था। सभासदों में भिखारी ठाकुर का नाम और पता भी लिखा है। यह सभा पटना के पास गंगाहरा गाँव में हुई थी। 'पंचनामा' में सभा का निर्णय भी छपा है। यह टी.पी. शॉ एण्ड को'ज प्रेस, दानापुर से दिनांक: 31.11.1931 को प्रकाशित है। इस प्रकाशित 'पंचनामा' की प्रति यहाँ दी जा रही है। इसका शीर्षक ही है–'श्री हजाम पंचम'। उसके नीचे हजाम जाति की तुलना हनुमान देव से करते हुए नाई जाति की महिमा के दो श्लोक लिखे गये हैं। उसके नीचे लिखा है–"हुकुम

पंच के हजाम ओ ब्राह्मण के दरबेयान में जो हुकुम हुआ, जिस का फैसला लिखा जाता है। कुल आठ फैसलों का जिक्र है, जो इस प्रकार हैं:–

1. कथा के आरती में के पैसा जो कुछ मिले, उसमें आधा

2. तिलक के सगुनवाला रुपया में हिस्सा आधा

3. सुमंगली ब्राह्मण के रुपया और गवना कराई हजाम के रुपया

4. गणेशपूजा और बिधी के पैसा में आधा हिस्सा

5. धनबटी में जो कुछ मिले हिस्सा आधा

6. हरदी के पैसा हजाम के

7. कर्म स्पष्ट पढ़ा नहीं जा सका है, लेकिन दूसरी पंक्ति में लिखा है– 'उसमें हिस्सा आधेआध पहिले ब्राह्मण ओ हजाम'

8. एकादसा और दसगात्र (द्वादशा) में हिस्सा तीसरी

9. यही फैसला हमलोग कर दिया है।

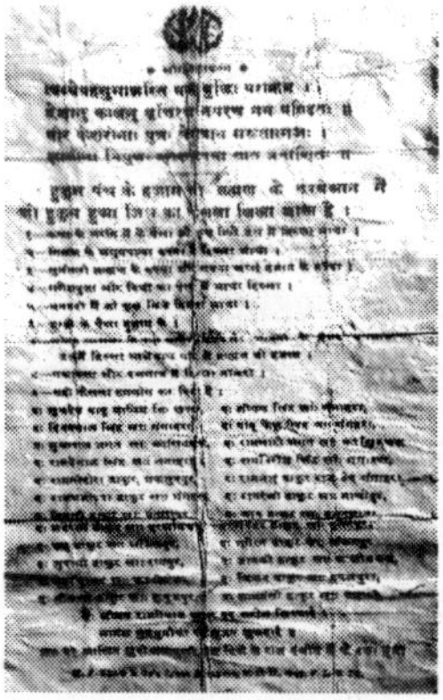

उसके नीचे उपस्थित सभासदों के नाम और पता अंकित हैं। कुल पच्चीस लोगों के नाम हैं, जिसमें 12वें नम्बर पर भिखारी ठाकुर, सा: (साकिन-ग्राम) कुतुफपुर (कुतुबपुर) लिखा है। इस सूची में अधिकांश लोग हजाम जाति के ही हैं, कुछ अन्य पिछड़े वर्ग और कुछ राजपूत जाति के लोग भी हैं। यह पंचायती पटना जिला के मनेर के निकट गंगाहरा गाँव के रामगेयान ठाकुर नामक ख्यातिप्राप्त हजाम के दरवाजे पर हुई थी, जिनका नाम अन्त में दस्तखत के साथ कविता में अंकित है। 17 वें नम्बर पर अंकित व्यक्ति रामभजु ठाकुर राजवैद्य भी उन्हीं के परिवार के थे। सम्भव है वे राजा और ज़मींदारों का इलाज करने उनके दरबार में भी जाते हों। इसीलिए उनका नाम राजवैद्य था। उन दिनों हजाम हजामत के काम के अलावा फोड़े-फूँसी और घावों के चीड़-फाड़ और छोटी-मोटी अन्य बीमारियों का भी इलाज करते थे। लेकिन रामभजु ठाकुर ने वैद्यगीरी की शिक्षा भी ली थी। उस जमाने में 'पंचनामा' ऐसे ही लिखा जाता था। अन्त में लिखा है:–

"द: श्रीमद रामगेयान पदसरोज सिरनाई।
मानस मुग्दभूमीका रज सुजन सुखदाई।।

ता: 21 आसिन सुदी एकादसी रोज बि फे के रोज पंचीत से फैसला हुआ।" नीचे प्रेस का नाम लिखा हुआ है– T.P. Shaw & Co's Press, Danapure'

Date-31.11.1931 गाँवों में भोजपुरी भाषा का प्रचलन था। लेकिन यह 'पंचनामा' खड़ीबोली हिन्दी में लिखा गया था, जो पढ़े-लिखे विद्वानों की भाषा थी। ज़ाहिर है, इस पंचायत में पढ़े-लिखे नामी लोग ही रहे होंगे, जिनमें भिखारी ठाकुर भी एक हैं।

इस प्रकार भिखारी ठाकुर का जातीय सभा में भाग लेना और अपनी जाति और वर्ण-व्यवस्था पर काव्य-पुस्तक लिखना अपने आप में एक क्रान्ति है। भिखारी ने अपना परिचय देते हुए लिखा है–

"ताके सुत भिखारी मोर नामा। कुतुपुर में करत मोकामा।।
तेकर भइल सिलानाथ। जातिक सभा में नाबतऽ माथ।।"

अर्थात् उनके (भिखारी के पिता का) पुत्र मेरा नाम भिखारी है। कुतुबपुर में मकान है। मेरा पुत्र शिलानाथ है। मैं जाति की सभा में सिर झुकाता हूँ। भिखारी ठाकुर ने अपनी रचनाओं में कई बार जाति सभा में माथ झुकाने की बात कही है।

"नावत बानी जात के माथ। हरदम दुनो जोर के हाथ।।" (नाई बहार)

यह जाति की सभा में सिर झुकाना दयानन्द सरस्वती का 'चलो वेद की ओर' अर्थात् अपनी जड़ की ओर लौटना ही है। अपनी छोटी जाति पर दुख और हीनताबोध की भावना को मिटाकर स्वाभिमान पैदा करना, अपने गौरवपूर्ण इतिहास की खोज करना - यही जातीय हीनता से मुक्ति है। भिखारी ठाकुर ने जाति की वर्तमान दुर्दशा का वर्णन करते हुए उसके अतीत गौरव और उससे मुक्ति का लेखकीय और कलात्मक प्रयास किया है। उस जमाने में जब जातीय शोषण के विरुद्ध बोलना और ऊँची जाति का नाम लेना तक अपराध था, कोई ऐसा साहस तक नहीं कर सकता था, भिखारी ठाकुर ने न केवल नाम लिया है, बल्कि आँख में ऊँगली डालकर उनकी बुराइयों का भी पर्दाफाश किया है और उनमें सुधार का भी सुझाव दिया है। भिखारी ने जाति का नहीं, वर्ण का नाम लिया है। क्योंकि आर्यसमाज ने वर्ण-व्यवस्था को माना था। उस समय जाति तोड़ने की वैसी चेतना विकसित नहीं हुई थी। बाद में विकसित हुई भी, तो भिखारी ने अपने नवजागरण कालीन चेतना के अनुरूप ही अपनी रचनाओं में उसको स्थान दिया; क्योंकि भिखारी को उन्हीं जाति और वर्ण-व्यवस्था के बीच रहकर अपनी कला का प्रदर्शन करना था। उनकी रोजी-रोटी का आधार वही समाज था, वही व्यवस्था थी। संयोग से आज की राजनीति और समाज दर्शन भी उसी आर्यसमाजी चेतना की ओर लौटते दिखायी दे रहे हैं। इसी कारण भिखारी ठाकुर ने अपनी जाति, पेशे और वर्ण-व्यवस्था पर तीन-तीन किताबें लिखीं– 'नाई बहार', 'चौवर्ण पदवी' और 'भिखारी जयहिन्द ख़बर'।

आर्यसमाज की तरह भिखारी भी चार वर्ण की व्यवस्था को मानते हैं, पर कर्म

के आधार पर, जन्म के आधार पर नहीं। वे ऊँच-नीच, छुआछूत और भेदभाव को नहीं मानते। उन्होंने कहा कि यदि चारों वर्ण ब्रह्मा के शरीर से ही निकले है और मुख ब्राह्मण, भुजा क्षत्रिय, पेट वैश्य और पैर शूद्र हुए। तो ये सभी तो एक ही शरीर में हैं और अन्योन्याश्रित हैं। किसी का किसी के बिना काम नहीं चल सकता। वे सभी वर्णों की पदवी सामाजिक व्यवहार से देते हैं। ब्राह्मण को 'बाबा' कहते हैं, क्षत्रिय को 'बाबू', वैश्य को 'भइया' और शूद्र को 'बबुआ'। पहले 'बबुआ' बोला जाता है, फिर बड़े होने पर 'भैया' फिर और बड़ा होने पर 'बाबू (पिता)' और बूढ़े होने पर 'बाबा'। यह वयक्रम व सम्मान का सिलसिला और सम्बोधन सभी जाति और वर्णों में है। इसीलिए सभी जाति और वर्ण एक ही समान हैं। कोई भेद-भाव और ऊँच-नीच नहीं हैं। सभी को सबका सम्मान करना चाहिए। इसीलिए भिखारी कहते हैं:-

"बाबा-बाबू-भइया-बबुआ का पदवी का भाव।
कहत भिखारी हाथ जोरि के, ठीक चाही बरताव।।"

–(चौवर्ण पदवी)

यही 'ठीक चाही बरताव' समानता और सम्मान है। आज सभी जाति-वर्ण के लोग सभी काम करते हैं। इसीलिए अपनी जाति और पदवी पर गर्व करके दूसरे को छोटा नहीं कहना चाहिए। भिखारी ने छपरा जिले के बड़े लोगों की पदवी पर व्यंग्य करते हुए लिखा है–

"बात-बात में जात के पदवी, छपरा के लोग होखेला।
अवरु जगह ऊँच-निचाई, बुरबक चतुर के जोखेऽला।
एह तऊल के जात के पदवी, के मरजादा हट गउवे।
छपर बन्ध नाता के प्रेमी, घटके झट दे खट गउवे।
बाबा-बाबू-भइया-बबुआ, कहत से मन सरमावेला।
सान हरान जाने के कइसन, भरम भूत भगावेला।"

–(वही)

भिखारी सामाजिक व्यवस्था को तोड़ते नहीं हैं। उसी व्यवस्था में सबकी महत्ता स्थापित करते हैं। बुद्ध और गांधी ने भी नहीं तोड़ी। उसी में सुधार और उद्धार किया। कबीर, रैदास, फूले, पेरियार और अम्बेडकर ने तोड़ने की कोशिश की। किन्तु समुद्र में उठे तूफान और लहरों की तरह व्यवस्था फिर सतह पर आ गयी। इतने थपेड़े खाकर भी बद्धमूल व्यवस्था और रूढ़ियाँ जहाँ की तहाँ बनी हुई हैं। फिर भी, भले ही जातियाँ और वर्ण-व्यवस्था नहीं टूटी हों। पर उनके बीच की दूरियाँ कम ज़रूर हुई हैं। समानता, स्वतन्त्रता और भाईचारे में वृद्धि हुई है। सामाजिक न्याय पहले से

अधिक सुलभ हुआ है। यह निरन्तर उठनेवाली लहर और थपेड़ों का ही परिणाम है। सामाजिक न्याय के इस आन्दोलन में भिखारी ठाकुर का योगदान किसी से कम नहीं है। भिखारी ठाकुर ने कोई तूफान और बबण्डर नहीं उठाया, बल्कि अपनी कला की महीन कैंची से विसंगतियों को कतर डाला। भिखारी ने कहा कि मुख भले ही श्रेष्ठ हों, पैर के दर्द से आह मुख से ही निकलती है, भुजा जब सेज सजाता है, तो उस पर सबसे पहले पैर ही बैठता है। पेट की बीमारी पैरों के दौड़ने से ही ठीक होती है। मनुष्य का सबसे पहला नाम 'बबुआ' है, फिर 'भइया', फिर 'बाबू', तब 'बाबा'। इसीलिए शूद्र सबसे प्राथमिक और श्रेष्ठ है'–

"प्रथम शूद्र, द्वितीय बइस, तृतीय क्षत्री हाथ।
चौथे ब्राह्मण बकत मुख, सभी रहत एक साथ।।"

–(वही)

इस प्रकार जिस तरह बुद्ध ने क्षत्रिय होने के नाते चारों वर्णों में क्षत्रियों की श्रेष्ठता स्थापित की, उसी प्रकार शूद्र होने के नाते भिखारी ठाकुर ने शूद्रों की श्रेष्ठता स्थापित की। इसका कारण क्षत्रिय का दोयम दर्जा और शूद्रों का अपमान-बोध और शोषण ही है। बुद्ध ने भी वर्णगत भेदभाव देखा और भोगा था, भिखारी ठाकुर ने भी देखा और भोगा था। इसीलिए भिखारी ठाकुर अपने व्यक्तिगत और जातिगत पीड़ा को जब कला की चासनी में डूबोकर व्यक्त करते हैं, तो उसका व्यंग्य सम्पूर्ण सामाजिक-व्यवस्था को झकझोर देता है।

"ब्राह्मण क्षत्री वैश्य शूद्र गण। सुनहूँ विनय सब मोर।।
गिरत 'भिखारी' त्राहि चरन में। त्राहि-त्राहि करि शोर।।
विद्या के ना जानी हाल। माफ करऽ गौरी के लाल।।
कहे 'भिखारी' बतिया खारा। सुनि के गुनी सकल परिवारा।।"

(नाई बहार, भिखारी ठाकुर)

इस गीत में व्यक्त भारतीय वर्ण-व्यवस्था में शूद्रों की, ख़ासकर नाई जैसी छोटी जाति की मनो-सामाजिक और आर्थिक पीड़ा का वर्णन किया गया है। किन्तु लोककवि की मारक दृष्टि ब्राह्मण, क्षत्रिय और वैश्य वर्णों के झूठे जाति अभिमान को भी अन्दर तक वेध डालती है। यही 'ठीक चाही बरताव' स्वतन्त्रता, समानता और भाईचारा है, जिसे भिखारी ठाकुर स्थापित करना चाहते हैं। वे जाति की पदवी पर व्यंग्य करते हैं। अम्बेडकर ने कहा था–'यदि जातियाँ नहीं टूटती हैं, तो अपनी जाति पर इतना गर्व करो कि जाति अभिमानियों को शर्म आ जाये।' भिखारी ठाकुर ने 'वर्ण-व्यवस्था' के खिलाफ 'चौवर्ण पदवी' और 'जाति-व्यवस्था' के खिलाफ 'नाई बहार' जैसी पुस्तकें

लिखकर यही काम किया है। अपनी जाति का बार-बार नाम लेना और उस पर पुस्तक लिखना व्यवस्था के खिलाफ सबसे बड़ा विद्रोह और क्रान्ति है। निश्चय ही शूद्र कही जानेवाली दलित-पिछड़ी जातियाँ ज्ञान और विद्या से हीन हैं। किन्तु उन्हीं 'नान्ह जातियों का भिखारी' जैसा बड़ा लोककवि और कलाकार जब यह बात कहता है, तो उसकी संवेदना सीधे व्यंग्य में ढल जाती है। जिस कवि-कलाकार की कला के जादू पर देश की हजारों-लाखों जनता फिदा हैं, जिसकी बातों को लोग अमृत की तरह पी जाते हैं, जिसके नाटक और गीत लोकजीवन के आदर्श बन चुके हैं, जिसने अनेक सामाजिक बुराइयों पर प्रहार करके उसे सुधारने का रचनात्मक प्रयास किया है, वह व्यक्ति यदि अपने और अपने समाज को छोटा कहता है, तो उस समाज-व्यवस्था में बड़ा कौन है? यहाँ तुलसी की विनयशीलता है। लानत है, ऐसी समाज व्यवस्था पर! दलित-पिछड़ों की दुरवस्था के लिए यही समाज-व्यवस्था दोषी है और इस व्यवस्था के लिए दोषी हैं इसके नियामक ब्राह्मणादि तथाकथित ऊँची जातियाँ, जो इसे अब भी बनाये रखना चाहती हैं।

भिखारी ठाकुर की नाई जाति शूद्रों में सबसे निचले स्तर पर आज भी है। समाज की सबसे अधिक सेवा करने पर भी उसकी आर्थिक-सामाजिक स्थिति में कोई परिवर्तन नहीं हुआ। नयी पीढ़ी में जो भी थोड़ा-बहुत परिवर्तन हुआ है, आधुनिक शिक्षा और रोजगार के कारण ही। नाई समाज छुआछूत की श्रेणी में तो नहीं रहा, किन्तु उसकी हालत अछूत दलित भाइयों से अच्छी कभी नहीं रही। भिखारी ठाकुर ने इस सच्चाई को गहराई से देखा और भोगा था। इसलिए उनके लोकनाटकों में दलित-पिछड़े समाज की समस्याएँ शिद्दत के साथ आयी हैं। भिखारी ठाकुर जब अपने नाटक और गीतों की रचना करते हैं, तो स्वाभाविक तौर पर उनके सामने भारतीय समाज का वही दीन-हीन, दलित-पिछड़ा, अशिक्षित और उपेक्षित चेहरा होता है।

भिखारी ने अपनी 'नाई बहार' पुस्तक के आरम्भ में नाई समाज की दुर्दशा का वर्णन करते हुए ईस्वी सन् का जिक्र किया है।

"विप्र चरन के धूरि पाउँ। कहे 'भिखारी' शीश चढ़ाउँ।।
सुनि गरज अरजी के नीके। नाउवंश समवत् सबहि के।।
साल तेरह सौ चालीस आहीं। नाउवंश कलपत जग माहीं।।
आश्विन शुक्ल अष्ट उजियारी। सुक्र दिवस मँह कहत पुकारी।।
एह ग़रीब के मुख बा बन्द। कइलन कवन कसूर सुखचन्द।।
ना कुछ मुँह पर बोलत बानी। डर से सुनहु सकल सज्ञानी।।
क्षत्री-वैश्य-शुद्र सुनि लीजै। सब मिली कुछ उपाय कर दीजै।।"

साल 1340 (फसली) ईस्वी सन् 1932-33 है, जिसके आश्विन शुक्ल अष्टमी रोज शुक्रवार 23 सितम्बर 1932 को पड़ता है। इसी तारीख और साल में भिखारी अपना दुखड़ा लिख रहे हैं। भिखारी ठाकुर दीन-भाव से उक्त तिथि को ब्राह्मण, क्षत्रिय, वैश्य और शूद्र वर्ण से विनती करते हैं कि नाई समाज पर बहुत भारी विपत्ति पड़ी है। याद कीजिये, गांधी और अम्बेडकर के बीच 'पूना-पैक्ट' इसी वर्ष 24 सितम्बर को हुआ, जिसमें दलितों को राजनीतिक आरक्षण दिये गये। अछूतानन्द के 'आदि हिन्दू' आन्दोलन 1921-26, चन्द्रिका प्रसाद जिज्ञासु के 1926-30 और 'साइमन कमीशन' 1927-28 के बाद ही दलित-पिछड़ों में अपने अधिकारों के प्रति जागरूकता शुरू हो गयी थी। लेकिन यह जागरण दलित-पिछड़ों की उच्च जातियों और ज़मींदारों में ही अधिक आया। इन वर्गों की निचली जातियाँ अब भी अधिक जागरूक नहीं हुईं थीं। क्योंकि सामन्त और ज़मींदार पिछड़ी जातियों में भी थे और छोटी जातियाँ उनके भी शोषण से दबी हुई थीं। दलितों में मुख्यरूप से चमार-दुसाध जाति और पिछड़ों में यादव, कुर्मी, कोइरी ही अधिक सक्रिय और सजग थीं। बाकी जातियों में शिक्षा, साहस और चेतना का अभाव था। इसीलिए वे या तो चुप थे या अपनी वेदना दबी जुबान से ही व्यक्त कर रहे थे। जब पिछड़ा वर्ग आन्दोलन तेज हुआ होगा, तो ज़मींदार और सामन्तों का शोषण-चक्र भी बढ़ा होगा। भिखारी जिस वर्ष और तिथि का वर्णन करते हैं, सम्भव है, उन दिनों नाई जैसी छोटी जाति पर जुल्म बढ़ गया हो। उनसे बेगार लेने और कम मजदूरी में यजमानों के काम करने और नहीं करने पर प्रताड़ित करने की घटनाएँ बढ़ गयी हों। इस अत्याचार और शोषण में सभी वर्ग शामिल हैं। इसीलिए भिखारी ठाकुर ब्राह्मण, क्षत्रिय, वैश्य और शूद्र सभी वर्गों से इस दुख को हरने का अनुरोध करते हैं।

शादी-विवाह, सुख-श्राद्ध आदि में यजमानों के यहाँ दिन-रात काम करने पर भी नाई समाज को मजदूरी के नाम पर कुछ नहीं मिलता। भिखारी ठाकुर के समय और बाद में भी नाई समाज को यजमानों के यहाँ ऐसे अवसरों पर हप्तों काम करने पर भी मजदूरी के नाम पर बहुत थोड़ा ही मिलता था, जिसमें गुजर-बसर करना मुश्किल है। यह स्थिति गाँवों में आज भी है। ऐसे अवसरों पर नाई को हप्तों पहले से यजमानों के सम्बधियों के यहाँ चिट्ठी-पत्री और नेवता पहुँचाना पड़ता था, किन्तु बिदाई की बात कौन कहे, उन्हें उचित भाड़ा किराया भी नहीं मिलता था। भिखारी ठाकुर ने नाई जाति की इस दीनता और विवशता को अपनी 'नाई बहार' और 'भिखारी जयहिन्द ख़बर' में बड़ी गहराई के साथ चित्रित किया है। 'भिखारी जयहिन्द ख़बर' में वे एक श्राद्ध-संस्कार का वर्णन करते हुए लिखते हैं:–"सा: धर्मक्षेत्रपुर बाबु दीनबन्धु सिंह के पिता का काम (श्राद्ध) में पुरोहित दिनेश तिवारी, महापातर दयालु पांड़े, नाई दिगम्बर

ठाकुर, दशवाँ (द्वादशा) में दयालु पांड़े का मिलल नगद 10) रुपया, सेज्या (सेजिया, खाट, बिछावन, तकिया आदि), वस्तर, बर्तन, छाता, जूता, खराऊ, सीधा-अनाज, सवा कठ्ठा खेत, दिनेश तिवारी का मिलल 12) रुपया, सेज्या (सेजिया, खाट, बिछावन, तकिया आदि), वस्तर (वस्त्र), बर्तन, छाता, जूता, खराऊ, सीधा-अनाज, सवा कठ्ठा खेत, दिगम्बर ठाकुर का 1) रुपया, सीधा (अनाज) मिलल। काम भइला का बिहान भइला दिगम्बर ठाकुर का मातारी (माँ) अपना नइहर से अइली। दिगम्बर सब हालत कहलन दिनेश तिवारी का, दयाल पांड़े का जतिना मिलल से।

तीनों जना का मिलल जतीना। सकल भेद कहि दिहलन ततीना।।
फेकरि-फेकरि कर रोवत माई। अब हम करब कवन उपाई।।
एक रुपया के कतीना अन्न। मिली जे तुं भइलऽ धन-धन।।
चिट्ठी नेवतला चारु ओर। चइत के भगिया गइल मोर।।
काहे लिहल अतीना कम। कतीना चाउर बेसाहब हम।।
पाँच गो लरीका के बा खरचा। बूढ़ जवान के फरक बा चरचा।।
सिर पर चढ़ल बा महंगी भारी। बेटा से झगरत बा महतारी।।
जजमनका में कुछो न बाटे। लगब सिलबट लोढ़ा चाटे।।
नगदा जाके कमइह बहरा। रहे न दिही अकाल का पहरा।।
दूगो रुपया देत रोजाना। तब कसहूँ मिलत एक जाना।।
सगरो दउरत फिरत पूता। उपर छाता न गोड़ में जूता।।
एहि से नीमन बाड़न बनीहारा। केहू नइखे देखनीहारा।।
कहत भिखारी सुनहू एक बाता। जजमनिका से राखहु नाता।।
महापातर के मिलल दस। एक रुपया में नाई बस।।
बारह रुपया पुरोहीत लिहलन। ख़ुशी-ख़ुशी दीनबन्धु दीहलन।।
दिगम्बर के एक रुपैया। घर अइला पर पूछली मइया।।

–(भिखारी जयहिन्द ख़बर)

इस पद में नाई जाति का अपने पेशे से असंतोष और विद्रोह भाव स्पष्ट लक्षित है। किन्तु समाज में कहीं इसकी प्रतिक्रिया न हो जाये, इसीलिए भिखारी ठाकुर ने अन्त में अपनी ओर से नाई के पेशे से पलायन न करके जजमनिका से नाता जोड़ने का उपदेश दिया है। इसका साफ सन्देश है कि जजमनिका के लोग नाई की मजदूरी बढ़ा दे, अथवा ब्राह्मण-पुरोहितों के भाग में से ही अधिक हिस्सा दे दे। भिखारी ने श्राद्ध कर्म का ही उदाहरण देकर ब्राह्मण-पुरोहित, महापात्र और नाई को बराबर हिस्सा देने की वकालत की है। श्राद्ध-कर्म में पिण्डदान के समय गाय, कुत्ता और काग

(कौवा) के लिए बराबर-बराबर पिण्ड निकाल दिया जाता है। फिर उन्हें यथास्थान रखकर उनके खिलाने का प्रयास किया जाता है। तीनों पशु-पक्षी में मनो-सामाजिक भेदभाव अवश्य है, किन्तु पिण्डदान के समय उनमें कोई भेदभाव नहीं किया जाता। भिखारी ठाकुर कहते हैं कि उसी प्रकार दान के समय ब्राह्मण, महापात्र और नाई में भी कोई भेदभाव नहीं होना चाहिए। उन्हें हर यज्ञ-त्योहार और कर्मकाण्ड में बराबर का हिस्सा मिलना चाहिए।

"पक्षी में काग चाण्डाल कहावत, पशु में नीच कहावत कुत्ता।
गाई के माई कहे अगराई के, पूजत बाड़न चार सपूता।।
भाग बरोबर तीनों बनाकर, कर्म सराध में देत बहुता।
अधिका-कमती के 'भिखारी' कहे, हम खोजत बानी उहे सबूता।।
भोजन पत्तल में मंगवा के, एकट्ठे सनाता, एकट्ठे सनाई।
काग, कुत्ता ओहि साथ में गाई के भाग बरोबर देत बनाई।।
ऊँच-नीचाई के भेद कहाँ, कहिया कब से नहीं परत जनाई।।
ब्राह्मण बेसी, महापातर 'भिखारी' कहै, कमती काहे नाई।।"

–(नाई बहार)

इसी प्रकार उन्होंने नाइयों के सामाजिक न्याय और अधिकार चेतना की बात अन्यत्र भी की है:–

"ऊँच-नीच के भेद न मानत। जे बाऽ चार वेद के जानत।।
कुत्ता, काग साथ में गाई। पावत भाग बरोबर भाई।।
ब्राह्मण, महापात्र वो नाई। जावत पातक करत सफाई।।
हक में बेसी-कमती भइल। कहाँ बा लिखि के कब से धइल।।"

–(भिखारी जयहिन्द ख़बर)

भिखारी ठाकुर ने जन्म से लेकर मृत्यु तक समाज में होनेवाले सभी संस्कारों में नाइयों की सक्रिय भागीदारी और उनकी दीन-दशा एवं शोषण का वर्णन कर उन पर समाज का ध्यान आकृष्ट किया है। भिखारी ठाकुर ने साहसपूर्वक अपने आपको दलित-पिछड़ी, बहुजन चेतना और सामाजिक न्याय से लैस और मजबूत किया है। उन्होंने अपने नाटक और गीतों में ऐसे विषय और प्रसंगों की बार-बार चर्चा की है। यद्यपि धनी सिंह और दरबारी गिरि जैसे उच्च श्रेणी के सवर्ण कलाकार भी भिखारी ठाकुर के नाच में आना चाहते थे, किन्तु उन्होंने सामाजिक पीड़ा के भुक्तभोगी दलित-पिछड़े कलाकारों को ही अपने नाटकों में रखा, ताकि भावना की गहराई तक वे कला का प्रदर्शन कर सके।

उनके नाटकों के वास्तविक और काल्पनिक दोनों ही पात्र दलित-पिछड़े समुदाय से ही हैं। जिस प्रकार प्रेमचन्द ने अपने कथा साहित्य में दलित-पिछड़े पात्रों के नाम और गुण गिनाये हैं, भिखारी ठाकुर ने उससे आगे बढ़कर यह काम किया है। उनके नाटक के पात्रें के नाम हैं–बिदेसी, बटोही, रण्डी, देवर, दोस्त, घिचोर, गड़बड़ी, गलीज बहु, उपदर, उदवास, झाँटुल, चटक, चेथरू, अखजो, लोभा आदि। ऐसे नाम छोटी जातियों के ही होते हैं।

भिखारी ठाकुर के नाटकों में अभिनय करनेवाले अधिकांश पात्र दलित-पिछड़ी जाति के ही थे। इनमें कुछ कलाकारों के नाम और जाति इस प्रकार हैं–बीन (मल्लाह)- बुद्धन महतो, सुकन महतो, भोला महतो, मुखलाल महतो आदि (सबसे अधिक), ग्वाला- राम लक्षण, जगदेव राय, भदई राय, ब्रह्मा राय, लालू आदि, नाई- बाबूलाल ठाकुर, महेन्द्र ठाकुर, जुठन ठाकुर, गौरीशंकर ठाकुर, जमुना ठाकुर, रूखी ठाकुर आदि, रविदास (चमार)- रामपति राम, भदई राम, तपन राम, सखीचन राम, फिरंगी राम, शामा, शिवजी आदि, लोहार- घिनावन शर्मा, किसुन देव आदि, कुम्हार- रामदास पण्डित, जयनाथ, रामानन्द पण्डित, छबीला राम (जो कलकत्ता में बम से मारे गये) आदि, कहार- शिव राउत, रामाशीश, गोला, पुनदेव भगत आदि, मुस्लिम (पिछड़ा)- अली जान मियाँ, तफजुल मियाँ, रहीम (भाँट) आदि, दुसाध- वैजनाथ, सोहराई राम, लखीचन्द राम, रामचन्द्र (बड़का), रामचन्द्र (छोटका) आदि बारी- शिवबालक बारी, शिवलाल बारी आदि, गोण्ड- जमुना साह, शिवजी, दारोगा साह आदि, कायस्थ- रामचन्द्र लाल। इनमें से अधिकांश अब स्वर्गीय हो चुके हैं।

इस प्रकार भिखारी ठाकुर ने अपनी जाति की दयनीय अवस्था का वर्णन और उसके प्रति स्वाभिमान दिखाकर शूद्र जातियों में स्वाभिमान की चेतना पैदा की। नवजागरण की तरह भिखारी ठाकुर का जागरण 'शूद्र जागरण' था, जो काफ़ी हद तक सफल रहा और सामाजिक न्याय की आगे की लड़ाई के लिए भिखारी ठाकुर के नाच ने हिन्दी पट्टी में एक अनुकूल जमीन तैयार कर दी। दलित-पिछड़े कलाकारों की तरह उनकी रचनाएँ भी दलित-पिछड़े समाज और स्त्रियों से ही सम्बन्धित थीं। जोतिराव फूले ने स्त्रियों को भी शूद्र माना था।

इस प्रकार लोककलाकार भिखारी ठाकुर भारत के सामाजिक-सांस्कृतिक इतिहास में दलित-पिछड़ी जनता के सच्चे चितेरा और मार्ग दर्शक के रूप में हमेशा जाने जाते रहेंगे। इस महान लोक कलाकार और जनकवि का निधन 10 जुलाई 1971 को हो गया। आज भिखारी ठाकुर हमारे बीच नहीं है। लेकिन उनकी सम्पूर्ण नाट्य-परम्परा और उनके गीत-संगीत हमारे बीच हैं।

भिखारी ठाकुर की रचनाओं में सामाजिक-सांस्कृतिक सन्देश

भिखारी ने सामाजिक विसंगतियों को करीब से देखा था। समाज में व्याप्त ग़रीबी, भूख, छूआछूत, ऊँच-नीच, स्त्री और दलितों पर हो रहे अत्याचार और शोषण, अन्धविश्वास आदि को उन्होंने गहराई से महसूस किया था। इसलिए उन्होंने अपने नाटक और गीतों द्वारा इनके शमन और परिष्कार का प्रयास किया। समाज में हाशिये के लोगों दलित-पिछड़े और स्त्रियों की हालत अच्छी नहीं थी। मुख्यधारा के समाज में भी अनेक सामाजिक और सांस्कृतिक समस्याएँ थीं। उन्होंने हाशिये के लोगों के बहाने पूरे समाज को देखा। बाल-विवाह, धन के लिए बेटी बेचना, विधवाओं की समस्या, संयुक्त परिवार का टूटना, भाई-भाई में बँटवारा, नशाखोरी, चोरी, जुएबाजी, स्त्री-पुरुषों में यौन-उच्छृंखलता, स्त्रियों का शोषण, रोजी-रोटी के लिए पलायन, धार्मिक आडम्बर और अन्धविश्वास आदि समाज की विकट समस्याएँ थीं। शादी होते ही रोजी के लिए पति का परदेश चला जाना और घर में जवान बहू का दुख-दर्द दलित-पिछड़े समाज की बड़ी समस्या थी, तो विधवा जीवन, बहु-विवाह, वेश्या समस्या आदि सम्पूर्ण नारी जाति और ख़ासकर सवर्ण समाज की समस्याएँ थीं। कभी-कभी परदेश गये पति के बहुत दिनों तक नहीं लौटने पर पत्नी का दूसरे पुरुष से अवैध सम्बन्ध हो जाता था और बच्चे तक हो जाते थे। भिखारी ठाकुर ने जहाँ 'बिदेसिया' नाटक में स्त्रियों की पहली समस्या का चित्रण किया है, वहीं 'गबरघिचोर' लोकनाटक में स्त्री-पुरुष सम्बन्धों की दूसरी समस्याएँ आती हैं।

सामाजिक समस्याओं की यह ईमानदार अभिव्यक्ति उनकी कला की सार्थकता के प्रमाण हैं। "कितने आश्चर्य की बात है कि जिस काल में हिन्दी क्षेत्र में दयानन्द सरस्वती और राजाराम मोहन राय के प्रगतिशील विचार भी खपाये नहीं खप रहे थे, उस कट्टर काल में 'भिखारी' ने ब्रिटिश काल में आये बंगाली नवजागरण को अपने लोकनाटकों में सीधे उतारकर हिन्दी-भोजपुरी जनता के दिलो-दिमाग में भर

दिया।" 'विधवा-विवाह' सुनकर ही समाज की भौंहें तन जाती थी, 'बाल विवाह', 'बेटी बेचना', 'बहु विवाह', 'दलित-शूद्रों से छुआछूत, गंगा स्नानादि द्वारा शुद्धि और पुण्यप्राप्ति के धार्मिक आडम्बर-ये सब परम्परा के अंग थे। भिखारी ठाकुर ने न केवल इन विसंगतियों पर प्रहार किया, बल्कि बहुत सारी विसंगतियाँ उनके नाटक देखकर ही सुधरती चली गयीं। यह मिशन ब्रह्म समाज और आर्यसमाज का था, जिसे भिखारी ने पूरा किया। भिखारी ठाकुर को 'बेटी-बेचवा' और 'गबरघिचोर' जैसे नाटक लिखने की हिम्मत कैसी हुई? क्योंकि 'नवजागरण' का सबसे बड़ा आन्दोलन 'बाल-विवाह निवारण' और स्त्री अधिकार का ही था। राजाराम मोहनराय, ईश्वरचन्द्र विद्यासागर, दयानन्द सरस्वती, जोतिबा फूले, भारतेन्दु हरिश्चन्द्र, राजा शिवप्रसाद सितारेहिन्द आदि कवि, साहित्यकार और सुधारकों की अगली कड़ी भिखारी ठाकुर ही थे।

बेटी बेचने की प्रथा तो भोजपुरी समाज से लगभग खत्म ही हो गयी। यह प्रथा अपेक्षाकृत बड़े और ग़रीब सवर्ण समाज एवं पिछड़े ग़रीबों में भी थी। बेमेल विवाह के कारण विधवा समस्या प्राय: सवर्ण समाज की ही समस्या थी, जिसके निदान के लिए भिखारी ठाकुर ने अपने नाटकों में सबसे अधिक जोर दिया। 'विधवा विलाप' सुनकर पुरुषों के दिल भी रो उठते थे। समाज ने भिखारी ठाकुर के नाटक देखकर ही इस विसंगति की त्रासद पीड़ा और गम्भीरता को महसूस किया। छोटे लोगों में विधवाओं के विवाह का प्रचलन तो पहले से ही था, अब अन्य लोग भी विधवाओं के विवाह पर ध्यान देने लगे, बेमेल विवाह पर रोक लगी। हिन्दी और भोजपुरी समाज की स्त्रियाँ भिखारी ठाकुर के लोकनाटकों की ऋणी हैं। भारतीय समाज में स्त्रियाँ भी दलित ही होती हैं। यद्यपि स्त्रियों को भिखारी ठाकुर का नाच देखने की मनाही थी, फिर भी स्त्रियाँ घर के पर्दे, दालान, खिड़की और छतों से छुप-छुपकर भिखारी ठाकुर का नाच देखती थीं। बाद में तो पाण्डाल में उनके लिए अलग से बैठने की व्यवस्था भी होने लगी। भिखारी ठाकुर ने स्त्रियों को समाज का मरजाद (मर्यादा) माना था। इसीलिए उनके नाच में स्त्री की भूमिका निभाने वाले पुरुष पात्र भी मर्यादा में रहते थे। वे रसीले गीत गाते थे, रोचक नाच करते थे; मगर वेश-भूषा और भावों की मर्यादा में रहकर ही। उस समय की परम्परा के अनुसार उन्होंने अपने पात्रों को कठोर हिदायत दे रखी थी कि नाच करते समय सर से पल्लू न गिरे। नाटक शुरू होने से पहले वातावरण निर्माण और मनोरंजन के लिए नृत्य करते हुए भी उनके स्त्री पात्र (लवण्डे) साड़ी का सीधा आँचल ही ओढ़ते थे, उल्टा आँचल नहीं। उन दिनों गाँवों में उल्टे आँचल की साड़ी पहनने का रिवाज नहीं था।

भिखारी ठाकुर ने अपने नाटकों के माध्यम से जो मुक्ति सन्देश दिये, वह न केवल दलित और स्त्री मुक्ति के सामाजिक-सांस्कृतिक सन्देश थे, बल्कि राष्ट्रीय मुक्ति-संग्राम के महान मानवीय सन्देश भी थे। भिखारी का सपना भारतीय जनजीवन की बेहतरी और संकीर्ण मानव-मूल्यों से मुक्ति का सपना था, जिसको साकार करने में वे एक वीर योद्धा की तरह जीवन-भर संघर्षरत रहे। "इस महान मानव-मुक्ति संग्राम में भिखारी ठाकुर पूर्णत: सफल रहे। 'बेटी वियोग' के प्रदर्शन के बाद तो जैसे आग-सी लग गयी। बेटियों में भी हिम्मत आ गयी। उन्होंने बिकने से इन्कार कर दिया। कई जगह बेटियाँ मण्डप से भाग गईं। कइयों ने जहर खा लिया। नौतनवाँ गाँव में तो गाँव के लोगों ने ही प्रौढ़ वर को मय बारात भगा दिया। यह विल्कुल नये किस्म और तेवर का नाटक था। दीन-हीन भिखारी के भीतर का विद्रोह मंच पर प्रकट हो गया था। गुलाम भारत में सामन्ती फाँस में फँसे रूढ़िबद्ध समाज को भिखारी ने चीर कर रख दिया था। एक लबार (विदूषक) ने अपनी लबारी से पूरे समाज को आईना दिखा दिया था। आईने में परछाइयाँ थीं और जलते हुए सवाल।" (केन्द्र में संजीव: विजय गुप्त, 'परस्पर', जुलाई, 2006, पृष्ठ-36) जब धनबाद और झरिया में भिखारी ठाकुर का नाटक 'बेटी-बेचवा' खेला गया, तो कोइलियरी के अनेक मजदूरों ने मंच पर आकर कसम खायी कि हमलोग जीवन में कभी बेटी को नहीं बेचेंगे। फिर कल होकर शिव मन्दिर में भी लोगों ने वही कसमें खायीं।

भिखारी ठाकुर ने अपने नाटकों में इन समस्याओं का ऐसा सजीव चित्र खींचा कि दलितों के साथ-साथ समाज के अन्य वर्गों में भी इन विसंगतियों के विरुद्ध मानसिकता विकसित हुई। ऐसे कार्यों के प्रति समाज में घृणा-भाव का उदय हुआ। लोगों ने यथासम्भव इन बुराइयों का प्रतिकार करना शुरू कर दिया। कई जगह तो स्त्रियों ने ही इसका विरोध किया। विधवाओं के पुनर्विवाह के प्रयास शुरू हुए। बहु विवाह पर भी रोक लगी। बाल-विवाह को रोकने के लिए तो सरकार ने ही कानून (शारदा एक्ट) बना दिये।

जीवन की अवस्थाएँ और बुढ़शाला के बेयान

भिखारी ठाकुर ने सामाजिक-सांस्कृतिक समस्याओं के अलावा व्यक्तिगत जीवन में होनेवाली पारिवारिक समस्याओं का भी वर्णन किया है। उन्होंने जीवन की चारों अवस्थाओं बचपन (ब्रह्मचर्य), जवानी (गृहस्थाश्रम), प्रौढ़ावस्था (वानप्रस्थ) और वृद्धावस्था (संन्यास) के आधुनिक स्वरूप, स्थिति और उनके अधिकार-कर्त्तव्यों का भी चित्रण किया है। उन्होंने जीवन की इन चारों अवस्थाओं को 'बबुआ, भैया, बाबू

और बाबा' के रूपक से बाँधा है। बचपन में बच्चों को खेल-कूद और पढ़ाई.लिखाई के अलावा माता-पिता और बड़े बूढ़ों की आज्ञा का पालन करना चाहिए। जवानी में घर-गृहस्थी के अलावा घर-परिवार और समाज की भी सेवा करनी चाहिए। ग़रीब, असहाय और बुजुर्गों की सेवा करनी चाहिए। धर्म और कर्म दोनों करने चाहिए। प्रौढ़ावस्था में अपने काम करते हुए भी बच्चे और जवान दोनों प्रौढ़ और बूढ़ों की मदद करें। बुढ़ापा जीवन का संन्यास है। आधुनिक जीवन में सबके लिए संन्यासी बनकर वन-जंगल और मठ-मन्दिर में रहना मुश्किल है। बूढ़े और बड़-बुजुर्ग घर की शान और इज्जत है। इसीलिए सबको मिलकर उनकी सेवा और देखभाल करनी चाहिए।

अपने समय के जटिल और व्यावसायिक जीवन में भिखारी ठाकुर ने समाज में बूढ़े माता-पिता, दादा-दादी और विधवाओं की दुर्दशा देखी थी। उन्हें घर में न भर-पेट खाना मिलता, न उचित कपड़े और वस्त्र ही। उनके साथ बेटे-पोतों और बहुओं का व्यवहार अच्छा नहीं होता। बिन माँगे न उन्हें भोजन मिलता, न वस्त्र-विछावन। उनका जीवन बहुत अभाव और दीनता में कटता है। परिवार और समाज में बूढ़ों की इस दयनीय स्थिति को देखते हुए उन्होंने चार महत्त्वपूर्ण पुस्तिकाएँ लिखीं–'देवता-विलाप, विधवा-विलाप, माता-भक्ति और बूढ़शाला के बेयान'। इनके अतिरिक्त उन्होंने अपने नाटकों में भी प्रसंगवश बूढे-बुढ़ियों की दयनीय दशा और उनके विलाप आदि का चित्रण किया है और अन्त में उसका समाधान भी जुटाया है। अपने नाटकों में संयोग घटित करके या हृदय परिवर्तन द्वारा बूढ़े-बुढ़ियों को दुख देनेवाले बेटा-पतोह, बहू आदि को सीख दी है कि बुजुर्गों के साथ उचित व्यवहार नहीं करोगे, तो ऐसा ही अनिष्ट होगा। बूढ़ी माँ की दयनीय अवस्था का चित्रण करते हुए भिखारी ठाकुर कहते हैं:–

"देवता रोवत बाड़ी घरवा में मतरिया, हँसत बा नगरिया ना। टेक।।
बेटा बोलत बाड़न बात, बुढ़िया खाले पूरा भात।
नइखे बइठल-बइठल बाँटत रसरिया। हँसत बा नगरिया ना।
झूठो गिरत बाटे लोर, बुतका भइली कमजोर।
हूब करत नइखे, चली ना चकरिया। हँसत बा नगरिया ना।
सुनी कर लागेले गरियाबे, चाव से लरिका ना खेलावे।
तनी भर घूमि-घूमि के चरावे ना बकरिया। हँसत बा नगरिया ना।
दुख से कहत 'भिखारी' नाई, जनमवली पोसली माई।
तेकर लिखत बानी कागत में ख़बरिया। हँसत बा नगरिया ना।"

यह गीत उनके नाटकों में भी गाया जाता था और लोग सुनना और गुनना पसंद करते थे। 'विधवा-विलाप' में जवान लड़की की शादी बूढ़े पति से होती है। पति तुरत ही मर जाता है। अब घर का भतीजा (जाऊत) पहले तो चाची को सम्मानपूर्वक रखता है। किन्तु बाद में पत्नी के बहकावे में आकर वह विधवा चाची को तीर्थाटन के बहाने एक जंगल में ले जाकर हत्या कर देना चाहता है, ताकि उसके पूरे धन को वह हड़प ले। उसके गीत की कुछ पंक्तियाँ इस प्रकार है:–

"कवन कसूर कइली, घर से निकालल गइली;
छूटल जात बा नइहर-ससुरवा हो बबुआ।
कहत भिखारी नाई, विधवा विलाप गाई;
भजऽ रघुराई जान छोड़ दऽ हो बबुआ।"

फिर,

"काइ तोहार कइली हम नोकसान, ए मोर जाउत दुलरू?
बन में रोअली काकी, अब का रखले बाड़ऽ बाकी?
भइल हित-नाता में बखान, ए मोर जाउत दुलरू।"

भिखारी ठाकुर बूढ़े-बूढ़ियों की दुर्दशा के लिए परिवार की नयी पीढ़ी को तो समझाते ही हैं, समाज से भी विनती करते हैं।

'बुढ़शाला के बयान' नामक अपनी पुस्तिका में वे कहते हैं कि बूढ़ों की देखभाल के लिए गाँव-गाँव में एक 'बुढ़शाला' (वृद्धाश्रम) होना चाहिए, वह भी नदी के किनारे, ताकि मृत्यु के बाद उनके दाह-संस्कार में कोई कठिनाई न हो। वे कहते हैं–"अब देखल जाये कि गाय वास्ते 'गौशाला' खुल गइल। गरीब वास्ते धर्मशाला खुल गइल। बड़ा अच्छा भइल। अब बूढ़ ख़ातिर बुढ़शाला खुल जाइत, बहुत अच्छा रहल ह, काहेकि बूढ़ के बड़ा तकलीफ बीतत-बा।" (बुढ़शाला के बेयान) इसीलिए वे कहते हैं कि प्रत्येक गाँव में एक 'बुढ़शाला' खुलना चाहिए। लोग थोड़ा-थोड़ा चन्दा इकट्ठा करके हर गाँव में एक 'बुढ़शाला' (वृद्धाश्रम) खोल दे और कुछ समाजसेवी युवक-युवतियाँ बारी-बारी से उनकी देखभाल करें, ताकि बूढ़े-बुढ़ियों को परिवार में तकलीफ़ न हों।

यह घोर आश्चर्य है कि पूरे 'नवजागरण काल' और आज़ादी की लड़ाई के दौरान शिक्षा, सफाई, स्वास्थ्य आदि समाजसुधारों के बीच और आज़ादी के बाद भी बूढ़ों के लिए 'वृद्धाश्रम' खोलने की कहीं चर्चा तक नहीं है। गाँधी-अम्बेडकर के आन्दोलन में भी इसका कोई संकेत नहीं हैं, वहाँ भिखारी ठाकुर 'बुढ़शाला' की बात करते हैं। ब्रिटिश समाजसुधारकों को भी यह बात नहीं सूझी। यह भिखारी ठाकुर की

मौलिक और दूरदर्शी सोच थी, जो आज साकार हो रही है। इसीलिए भिखारी कहते हैं–"यह नयी बात है। ऐसा न कहीं हुआ है और न हो रहा है। हमने बिना गाँव-समाज और बस्ती की राय लिये यह बात कह दी है। पर बात जब मुँह से निकल ही गयी, तो इसकी इज्जत रखना समाज का कर्त्तव्य है। यह ज़रूरी है।

बुढ़शाला के देली निकाल, बिना इजाजत बस्ती-भर का।
अइसन भइल ना होखत बा, देस-विदेस न कवनो जगहा।
हम नया कइली परचार (प्रचार), आस पुराई बाबू-भइया।
मदद लेके थोरा-थोर, बने 'बुढ़शाला' गाँव-गाँव में।
माँगत बानी अतने भीख, हईं भिखारी बच्चेपन के।

(बुढ़शाला के बेयान)

महावीर के नाम सुमिर लीं, जेह में बाजी बाजा।
बुढ़शाला बनवाईं ना त, होत बा अकाजा।।
कहे भिखारी अबही तूँ, बुढ़शाला द बनवाई।
ना त होत बाटे बुढ़ के अपमान।।

(वही)

इस प्रकार भिखारी ठाकुर की चिन्ता एक तरफ पारिवारिक-सामाजिक है, तो दूसरी ओर आत्मिक, आध्यात्मिक और सांस्कृतिक। उन्होंने हर समस्या का गहराई से अनुभव और विवेचन कर उसके समाधान का सन्देश दिया है। भिखारी ने जन्म से मरण तक मनुष्य के हर सुख-दुख की चिन्ता की है।

भिखारी ठाकुर की राष्ट्रीयता और देशभक्ति

आज़ादी के तमाम मुक्ति संग्राम भिखारी ठाकुर के जीवन काल में ही हुए। भिखारी ठाकुर ऐसे समर्थ कलाकार हैं, जिनकी कला ब्रिटिश काल में जितनी फली-फूली, आजाद भारत में भी वैसा ही जादू बिखेरती रही। भिखारी के नाच का प्रदर्शन 30 वर्षों (1917 से 1947) तक ब्रिटिश भारत में हुआ और शेष दिनों के लगभग 25 वर्षों (1947 से 1971, उनकी मृत्यु तक और शेष भिखारी ठाकुर के नाम पर उनके भतीजे गौरीशंकर ठाकुर की नाच-मण्डली) तक आजाद भारत में। भिखारी ठाकुर पर भारत के राजनीतिक स्वतन्त्रता संग्राम का कितना असर पड़ा? आइए इसकी पड़ताल की जाये।

1917 में बिहार में दो बड़ी घटनाएँ हुईं–चम्पारण में गांधीजी ने निलहों के विरुद्ध सत्याग्रह किया और सारण में भिखारी ठाकुर ने 'बिरहा बहार' और 'बिदेसिया' नाटक लिखा और मंचन किया। किन्तु तब तक दोनों में से कोई किसी को नहीं जानता था। दोनों मुक्ति की लडाई लड़ रहे थे और साथ-साथ चर्चित भी हो रहे थे। एक ने कलकत्ता के 'नील विद्रोह' से बिहार में फैली चिंगारी को बुझाया, तो दूसरे ने रोजी-रोटी की तलाश में ग़रीब मजदूरों के कलकत्ता पलायन की मार्मिक दास्तान पेश की। एक की चिन्ता में किसान थे, दूसरे की चिन्ता में मजदूर। वर्ष 1917 में गांधीजी निलहों के विरुद्ध 'चम्पारण सत्याग्रह' के लिए पटने से चलकर मुज़फ़्फ़रपुर आये। वर्ष 1917 में ही भिखारी ठाकुर ने अपने पहले नाटक 'बिरहा-बहार' का पहला मंचन मुज़फ़्फ़रपुर जिले में किया था। भिखारी ठाकुर की नाच मण्डली इस जिले के पारू प्रखण्ड के सरमस्तपुर गाँव के एक ज़मींदार सेठ की बेटी की शादी में आयी थी।

भिखारी ठाकुर खुद कहते हैं– "सबसे पहले बिरहा-बहार नाटक सरमस्तपुर ग्राम में लगन के समय खेला गया।" यहीं से भिखारी ठाकुर के नाच की शुरुआत हुई और इसी समय गांधीजी के 'चम्पारण सत्याग्रह' से आज़ादी के आन्दोलन की शुरुआत। अर्थात राजनीतिक जागरण और सांस्कृतिक जागरण एक ही साथ शुरू हुआ। कहा

जा सकता है कि राजनीतिक जागरण के अग्रदूत गांधीजी थे, तो सास्कृतिक जागरण के भिखारी ठाकुर। अब आज़ादी की लड़ाई के उद्देश्य का यदि आकलन करें, तो गांधी सहित देश के बड़े-बड़े नेता और ज़मींदार अंग्रेज़ों से राजनीतिक मुक्ति चाहते थे, क्योंकि अंग्रेज़ उनका शोषण करते थे और उनके धर्म और संस्कृति की बुराइयों में हस्तक्षेप भी। इसके विपरीत दलित-पिछड़े और हाशिये के लोगों का सामाजिक-आर्थिक शोषण देशी ज़मींदार करते थे। इसीलिए दलित-पिछड़ों के नेताओं की चिन्ता राजनीतिक आज़ादी से अधिक सामाजिक और आर्थिक आज़ादी की थी। यही कारण है कि फुले, अम्बेडकर, पेरियार आदि ने राजनीतिक आज़ादी से पहले सामाजिक आज़ादी पर ही जोर दिया। एक की चिन्ता में ब्रिटिश सरकार से मुक्ति थी, दूसरे की चिन्ता में सामाजिक बुराइयों से, ठीक उसी तरह, जिस तरह महात्मा फुले 'गुलामगिरी' में ब्राह्मणवाद से मुक्ति चाहते हैं, किन्तु 'हिन्द स्वराज' में गांधी जी 'अंग्रेज़' और अंग्रेज़ीयत से मुक्ति चाहते हैं। सामाजिक और सांस्कृतिक आज़ादी की लड़ाई भी राष्ट्रीय मुक्ति की ही लड़ाई थी। और दोनों लड़ाइयाँ लगभग एक ही साथ लड़ी जा रही थी। पूरा-का-पूरा 'नवजागरण' अपने-अपने ढंग से सामाजिक और सांस्कृतिक मुक्ति की ही लड़ाई थी। देश के आज़ाद हो जाने के बाद भी देश सामाजिक और सांस्कृतिक रूप से गुलाम ही रहा। केवल राजनीतिक आज़ादी मिली थी। भिखारी ठाकुर के लिए आज़ादी के पहले और बाद में आज़ादी और गुलामी में बहुत अन्तर नहीं था, क्योंकि सामाजिक गुलामी अब भी बरकरार थी।

यही कारण है कि जनवरी 1965 को राँची के हिन्दी विभाग के प्रोफ़ेसर रामसुहाग सिंह को दिये गये अपने पहले और अन्तिम इन्टरव्यू में जब प्रो. सिंह भिखारी ठाकुर से पूछते हैं–"आप तो जनता के कवि हैं, इसीलिए स्वतन्त्रता के पहले और बाद में क्या अन्तर पाते हैं?" तो भिखारी ठाकुर का जबाव है–"मैं कुछ कहना नहीं चाहता।" फिर प्रो. सिंह जब पूछते हैं–"वर्तमान शासन से क्या आप ख़ुश हैं?" तब भी भिखारी ठाकुर कहते हैं–"उत्तर देना सम्भव नहीं।" मतलब भिखारी ठाकुर दोनों ही स्थितियों से सन्तुष्ट नहीं हैं। वर्ष 1939 से 1944 के बीच द्वितीय विश्वयुद्ध के दौरान ब्रिटिश सरकार ने 'वार फण्ड' में धन जुटाने के लिए भिखारी ठाकुर के नाच का अनुबन्ध किया। भिखारी के नाटकों के बड़े-बड़े 'चैरिटी शो' होते थे, जिसमें भारी टिकट की व्यवस्था होती थी। लोग तन्मय होकर पैसे देते, नाटक देखते और भाव-विभोर होकर घर जाते। 'वार फण्ड' में लाखों रुपये जमा हुए। ब्रिटिश साम्राज्यवाद की इस मदद के लिए भिखारी ठाकुर की बड़ी किरकिरी हुई। 1944 में अंग्रेज़ी सरकार ने इस एवज में उन्हें 'राय बहादुर' की उपाधि दी (केवल घोषणा हुई, मिली नहीं,

विवाद हो गया)। इस ख़बर से जहाँ अपने गाँव-घर और ग्रामीण समाज में भिखारी ठाकुर की प्रशंसा होने लगी, वहीं बुद्धिजीवियों में चारो ओर से भिखारी की निन्दा होने लगी। भिखारी ठाकुर दुखी हो गये। कुछ लोग मानते हैं कि इस आक्रोश को कम करने के लिए प्रतिक्रिया में भिखारी ठाकुर ने 'जयहिन्द ख़बर' नामक पुस्तक लिखी, जिसके शीर्षक से देशभक्ति का संकेत मिलता है। भिखारी ठाकुर पर शोध करनेवाले प्रथम विद्वान प्रो. तैयब हुसैन लिखते है– "1949 ई. में प्रकाशित ऊ अपन एगो किताब के नाम 'जयहिन्द ख़बर' रख के देश के आज़ादी के पक्ष में आ ओति घरी उपजल विसंगति के विपक्ष में अपन मनसा ज़ाहिर कइले बाड़न।" (भिखारी ठाकुर के नाटकन में सामाजिक चेतना: डॉ. तैयब हुसैन पीड़ित, भोजपुरी सम्मेलन पत्रिका, भिखारी ठाकुर जन्म शताब्दी विशेषांक, दिसम्बर, 1987)

लेकिन यह बात सही नहीं है। भिखारी ने लिखा ज़रूर, पर उस पुस्तक का नाम 'भिखारी जयहिन्द ख़बर' था, 'जयिहन्द ख़बर' नहीं। 'जयहिन्द ख़बर' धनी सिंह ने लिखी थी। इसके विपरित भिखारी ठाकुर ने अपने 'भिखारी जयहिन्द ख़बर' में दूसरी ही देशभक्ति लिखी-नाइयों द्वारा यजमानों की ख़बर पहुँचाने वाला दुख-दर्द भरा वृत्तान्त! नेवता, संवाद और ख़बर पहुँचाने में नाइयों के कष्ट और उचित मजदूरी न मिलने की कसक उन्होंने इस किताब में लिख मारी है। यजमानों के यहाँ विभिन्न यज्ञ-अनुष्ठानों में कम मजदूरी मिलने का त्रासद वर्णन इस किताब में है। भिखारी ने राम, कृष्ण, शिव के गीत लिखे, रामलीला भी खेला, पर अपने मित्र रामानन्द सिंह और धनी सिंह के बार-बार कहने के बावजूद उन्होंने 1857 के योद्धा वीर कुँवर सिंह पर नाटक नहीं लिखा। इस प्रकार भिखारी अपने उद्देश्य से डिगे नहीं। अपनी राह पर चलते रहे और सफल होते गये। यही उनकी देशभक्ति और समाज-भक्ति थी। उन्होंने देशभक्ति के झूठे गीत नहीं लिखे। वे किस इतिहास पर गर्व करते? शूद्रों का कौन-सा इतिहास और संस्कृति थी, जिस पर वे गर्व करते? उन्हें तो बराबर नीचा दिखाया गया, उनका शोषण हुआ। इसीलिए उन्होंने अपने शोषण का इतिहास और वर्तमान लिखा। सामाजिक और सांस्कृतिक शोषण से मुक्ति ही उनकी देशभक्ति थी, जो देश की करोड़ों शोषित जनता का सपना था।

द्वितीय विश्वयुद्ध में 'वार फण्ड' के लिए नाचकर भिखारी ठाकुर ने कौन-सी गलती की थी? भले ही कांग्रेस ने इसका विरोध किया था, किन्तु 'विश्व युद्ध' में ब्रिटिश भारत ने हिटलर के विरुद्ध और मित्र राष्ट्रों के पक्ष में अंग्रेज़ों की मदद की थी। बे-मन से ही सही, गांधी सहित देश के तमाम प्रबुद्ध नेताओं और देशी राजाओं ने इस युद्ध के लिए भारतीय सैनिकों के लड़ने की हामी भरी थी। डॉ. अम्बेडकर, हिन्दू

महासभा और कम्यूनिस्टों ने इस युद्ध में खुलकर अंग्रेज़ों का साथ दिया था। ज्ञातव्य हो कि दिल्ली का 'इण्डिया गेट' विश्वयुद्ध के उन्हीं शहीद और बहादुर भारतीय सैनिकों की याद में बना था, जो आज भी भारत की शान बढ़ाता है। फ़ासीवाद के विरुद्ध यह उस समय का राष्ट्रधर्म था, जिसे भिखारी ठाकुर ने भी निभाया। इन सबके बावजूद विश्व युद्ध के 'वार फण्ड' में भिखारी ठाकुर के योगदान के लिए उनकी आलोचना आज भी होती है। ऐसे आलोचक भूल जाते हैं कि भिखारी ने तो अंग्रेज़ों से केवल अपनी कला बेची, अपने नाटकों के प्रदर्शन से चन्दे बटोरे। किन्तु उसी ब्रिटिश काल में बड़े-बड़े कवि-साहित्यकार और नामी-गिरामी देशभक्त, राष्ट्रकवि और गुरुओं ने अंग्रेज़ बहादुर की प्रशंसा में कशीदे काढ़े, उनकी राह पर बिछे, उनका क्या हुआ? भारतेन्दु ने महारानी विक्टोयिा की प्रशंसा में गीत लिखे, तो गुरुदेव ने 'जार्ज पंचम' की अभ्यर्थना में 'भारत भाग्य विधाता'। चन्द्रधर शर्मा गुलेरी, बद्री नारायण प्रेमधन, अयोध्या प्र. सिंह उपाध्याय हरिऔंध, बालकृष्ण भट्ट आदि सभी साहित्यकारों ने जार्ज पंचम और महारानी विक्टोरिया की अभ्यर्थना में गीत और आलेख लिखे। संजीव ने अपने उपन्यास 'सूत्रधार' में इस प्रकरण पर विस्तार से प्रकाश डाला है। जोतिबाफूले, भारतेन्दु हरिश्चन्द्र, राजा शिवप्रसाद सितारेहिन्द, दयानन्द सरस्वती आदि समाजसेवी और साहित्यकारों ने 'हण्टर कमीशन' को दिये गये अपने प्रतिवेदन में शिक्षा में सुधार के लिए ब्रिटिश सरकार की प्रशंसा की थी।

इस बात पर क्यों नहीं विचार किया जाता कि आज़ादी की लड़ाई में देशप्रेम और आज़ादी के गीत लिखनेवाले अधिकांश लोग सम्भ्रान्त हिन्दू या किसी भी वर्ग के मुसलमान थे? हिन्दुओं की चिन्ता उनके धर्म और संस्कृति को लेकर थी, मुसलमान और देशी राजाओं की चिन्ता उनके खोये राज-पाट को लेकर थी। पर हाशिये के समाज की चिन्ता इनसे अलग थी। वे सदियों के सताये हुए थे। अंग्रेज़ तो उनकी मुक्ति के दरवाजे खोल रहे थे। उसने अनेक दलित और शूद्र विरोधी परम्परा और नियमों पर प्रतिबन्ध लगाया था। उनके लिए शिक्षा के दरवाजे खोले थे। इसीलिए दलित-पिछड़े सुधारक और कवियों ने इस पर अधिक ध्यान नहीं दिया। उनकी चिन्ता राजनीतिक मुक्ति से अधिक जाति और वर्ण-व्यवस्था से मुक्ति थी। केवल भक्ति और शृंगार के गीत लिखनेवाले सम्भ्रान्त कवियों ने भी देशभक्ति के गीत कम ही लिखे हैं। उन्होंने देश की दुर्दशा पर आँसू ज़रूर बहाये। किन्तु उन पर रचनाएँ नहीं लिखीं। उन्होंने समाज में सामाजिक और सांस्कृतिक जागरण पैदा किया था। गांधी जी की हत्या पर भिखारी ठाकुर और महेन्द्र मिश्र दोनों रोये थे। पर इस पर उनकी रचनाएँ नहीं मिलती है। रसूल मियाँ ने लिखा। क्योंकि ब्रिटिश शासन से पूर्व मुसलमानों का

ही राज था। गांधी के स्वतन्त्रता आन्दोलन ने आम-आवाम को आन्दोलित अवश्य किया, पर इस वर्ग के सामन्त और उनके मातहतों को छोड़कर शूद्र और अछूत बुद्धिजीवी इससे लगभग दूर ही रहे। कर्पूरी ठाकुर, जगलाल चौधरी, शक्ति कुमार आदि कुछ अपवाद भी है। जोतिराज फूले, रामास्वामी पेरियार, डॉ. अम्बेडकर और सन्तराम बी.ए. (आर्यसमाज के सबसे बड़े शूद्र बुद्धिजीवी), चन्द्रिका प्रसाद जिज्ञासु और शिवदयाल सिंह चौरसिया आदि भी राजनीतिक आज़ादी से लगभग दूर ही रहे, बाद में जुड़े। वर्ष 1914 में 'सरस्वती' में प्रकाशित अछूत कवि 'हीराडोम' की कविता 'अछूत की शिकायत' और 'अछूतानन्द' की जाति और वर्ण-व्यवस्था पर लिखी कविताएँ और ग़ज़ल इसके प्रमाण हैं।

उस दौर के सैकड़ों कवि-साहित्यकार आन्दोलनकारी मिल जायेंगे, जिनकी चिन्ता राजनीतिक आज़ादी से अधिक सामाजिक और सांस्कृतिक आज़ादी थी, जिसकी चक्की में वे पिस रहे थे। जाति और वर्ण-व्यवस्था जनित समाजशास्त्र और अर्थशास्त्र उन पर हावी थे। वे अमानवीय ऊँच-नीच, जातीय भेद-भाव और शोषण के शिकार थे। ऊँचे लोग और सामन्तों की सेवा करने पर भी उन्हें उचित पारिश्रमिक नहीं मिलते थे। यहाँ तक कि यजमानों के रिश्तेदारों में संवाद-ख़बर पहुँचाने के लिए भी उन्हें उचित रेल या बस किराया नहीं दिया जाता था। कई बार वह भी नहीं मिलता और उनसे बेगार करवाया जाता था। नहीं करने या काम में थोड़ी-बहुत ढिलाई पर उन्हें मारा-पीटा भी जाता था। भिखारी ठाकुर अपने नाच में वह दृश्य उपस्थित कर देते, जिससे हँसी-मजाक में सामन्त और ज़मींदारों द्वारा किये जा रहे जुल्म का पर्दाफाश हो जाता और सामन्त लोग ऐसे जुल्मों को या तो बन्द कर देते या कम कर देते थे। भिखारी ठाकुर डुमरिया, दरभंगा, हथुआ, बेतिया और कुल्हड़िया महाराज सभी राजे और सामन्तों के यहाँ अपने नाटकों में ऐसे व्यंग्य दृश्य उपस्थित कर चुके थे।

एक बार कुल्हड़िया महाराज के दरबार में 'गबरघिचोर' नाटक का प्रदर्शन हुआ। उनका प्रिय कहार एकान्त में भिखारी ठाकुर से मालिक द्वारा अपनी मार-पिटाई और दो दिनों तक भूखे रहने का हाल कह सुनाया। इस नाटक में भिखारी ठाकुर पंच की भूमिका खुद ही निभाते थे। जब नाटक शुरू हुआ, तो बेटे को लेकर गलीज बहू और उसके परदेशी पति गलीज में झगड़ा होने लगा। परदेश से लौटा गलीज अपने नाजयज बेटे को कमाने के लिए अपने साथ परदेश ले जाना चाहता है। पत्नी उस बेटे पर अपना हक जमाती है। इस बीच जब गलीज नहीं मानता, तो पंच बना भिखारी बिगड़कर कहता है–"ज्यादा गड़बड़ी कइला, त कुल्हड़िया महराज के हियाँ नौकर रखबा देब, दू दिन दाना-पानी बन्द रही, त अकिल दुरूस्त हो जाई।"

कुल्हड़िया महाराज समझ गये। फिर अपने नौकरों पर ज्यादती कम कर दी। भिखारी ठाकुर ने अपनी जाति और पेशेगत शोषण और समाज की दुर्दशा का वर्णन अपनी पुस्तक 'नाई बहार' और 'भिखारी जयहिन्द ख़बर' में विस्तार से किया है, जिसकी चर्चा पीछे की जा चुकी है।

लेकिन भिखारी ठाकुर ने भले ही देशभक्ति के गीत नहीं गाये हो, उन्होंने देश की सेवा की। उनकी देशभक्ति इस बात में थी कि देश पर जब-जब विपत्ति के बादल घिरे, उन्होंने अपने नाच की छोटी हैसियत से ही सही, देश की मदद की। भिखारी ठाकुर ने गुलाम भारत में जहाँ 'वार फण्ड' के लिए धन इकट्टा किया, वहीं आजाद भारत में 1962 के 'भारत-चीन' युद्ध के लिए भी 'राष्ट्रीय सुरक्षा कोष' के लिए दान दिये और 1965 के 'भारत-पाक' युद्ध के लिए भी। उनकी नाच मण्डली में चालीस वर्षों तक हारमोनियम बजानेवाले वयोवृद्ध कलाकार भदई राम ने भगवती प्रसाद द्विवेदी को बताया था–"राष्ट्रीयता मालिक (भिखारी ठाकुर) में कूट-कूटकर भरी थी। देश पर जब भी संकट के बादल छाये, वह भरपूर आर्थिक मदद करते थे। जब भी लड़ाइयाँ (चीन और पाकिस्तान से) छिड़ीं, नृत्य का आयोजन कर उन्होंने 'सुरक्षा कोष' में भरपूर राशि दी। इसके लिए बेतिया राज, जपला, गोपालगंज, दिघवारा आदि शहरों में टिकट लगाकर नाच प्रोग्राम पेश किये गये। रोज पन्द्रह-बीस हजार की भीड़ इकट्टी होती थी। लाखों रुपयों की कमाई हुई। मालिक ने सारे पैसे भारत सरकार के 'सुरक्षा कोष' में दे दिये।" (भिखारी ठाकुर: भोजपुरी के भारतेन्दु', भगवती प्रसाद द्विवेदी)

इस प्रकार भिखारी ठाकुर की राष्ट्रीयता और देशभक्ति मूलतः भारत की सामाजिक और सांस्कृतिक मुक्ति के लिए है। लेकिन उन्होंने भारत की राजनीतिक मुक्ति और आज़ादी के बाद देशभक्ति के लिए भी कम काम नहीं किया है। आज़ादी के पूर्व और पश्चात् भी उनकी राष्ट्रीयता और देशभक्ति को वैश्विक और राष्ट्रीय नजरिये से देखने की ज़रूरत है।

भिखारी ठाकुर की भक्ति भावना

भिखारी ठाकुर ने भले ही तुलसीकृत रामायण से प्रभाव ग्रहण किया हो, रामचरित मानस की तर्ज पर गीत, कवित्त और चौपइयाँ बनायी हों, राम, कृष्ण, शिव और भवानी की लीलाएँ लिखी हों, पर अपने व्यक्तिगत जीवन में उनकी भक्ति कबीर की तरह थी। यद्यपि उन्होंने सभी देवी-देवता और आस्थाओं के प्रति अपना विश्वास जताया है; किसी का तिरस्कार नहीं किया। किन्तु उन्होंने ब्रह्म स्वरूप 'राम-नाम' के जप को ही अपनी भक्ति मानी है। 'रामचरित मानस' के 'उत्तरकाण्ड' में तुलसी ने भी कलियुग में यज्ञादि कठिन कर्मकाण्डों को छोड़कर 'राम-नाम' जपने को भक्ति माना है। भिखारी ठाकुर अपने निजी जीवन में पूजा-पाठ, यज्ञ-अनुष्ठान आदि नहीं करते थे। वे मन्दिर भी नहीं जाते थे। किन्तु लोकरुचि और परम्परा के अनुसार अपने नाच-तमाशों की शुरुआत भक्ति-भजन और मंगलाचरण से ही करते थे। 'मंगल भवन अमंगल हारी रामा हो रामा' उनका मनभावन और लोक लुभावन 'पद' था, जिसकी प्रस्तुति उनके कई नाटकों में मिलती है। वे कबीर को मानते थे और उन्हीं की तरह निर्गुण राम में उनका विश्वास था। कबीर की तरह नाम भजन ही उनकी भक्ति और ज्ञान के स्रोत थे। उनके क्षेत्र के दिनेश सिंह, जिन्होंने भिखारी ठाकुर के कई नाच देखे थे, बताते हैं कि वे अपने बुढ़ापे के दिनों में अपने नाच में रामनाम की महिमा का जाप ज़रूर करते थे। उन्होंने हमारे कॉलेज वाले कार्यक्रम में भिखारी ठाकुर के जीवित कलाकारों के बीच उनका प्रसिद्ध भजन गाकर सुनाया था -

"राम नाम भज भाई, मन चित लाई के,
घरबा में रहा चाहे, मठिया में जाई के।
एतने अरज बा, भिखारी ठाकुर नाई के,
घर बा कुतुबपुर, दियरा गंगा माई के।"

भिखारी ठाकुर ने अपने नाटक 'बिदेसिया' को कबीर की तरह ब्रह्म, जीव और माया के रूपक में बाँधा है– "'कायापुर घर हउए, पानी से बनावल गउए, अचरज

अकथ कहानी हो बिदेसिया।''बिदेसी ब्रह्म, बटोही धरम, रखेलिन माया, प्यारी सुन्दरी जीव। ब्रह्म जीव दुनो जना एही देह में बाड़न, बाकिर भेंट ना होखे। कारण? माया। एकरा के काटेवाला बटोही धरम। जइसे स्त्री के पति छोड़ के परदेस चल जालन, तइसे झूठ-झंझट से आत्मा से परमात्मा कुरोध हो जालन।" ('बिदेसिया' नाटक)

भिखारी ने अपने 'बिरहा बहार' नाटक में धोबी और धोबिन के बहाने कबीर की तरह जीव और ब्रह्म का रूपक बाँधा है। उन्होंने धोबी को ईश्वर माना है और धोबी-धोबिन के धोने के प्रत्येक सामान को आत्मा, परमात्मा, जीव, ब्रह्म, सत और सन्तोष का प्रतीक बताया है–

"औरत– *ओह धोबी के सुमिरन करऽ, जो करत धोआई नीत।*
ग्यान गंगा में कलिमल धोके चले जगत से जीत।।
मर्द– *गरम करे सन्तोख के भठी, सत के साबुन लाय।*
नाद उहे जो सउनन करे, सबके घर के खाय।।"

–(बिरहा बहार, नाटक)

भिखारी ठाकुर के पोता राजेन्द्र ठाकुर ने अपने एक साक्षात्कार में कहा था–"बाबा किसी मठ-मन्दिर में पूजा करने नहीं जाते थे, केवल राम नाम जपते थे। उनका राम निर्गुण राम था–कबीर वाला। जब उन्हें नहाने का मौका नहीं मिलता, तो गमछा को भिंगोकर देह-हाथ पोंछ लेते और उसी गमछा पर ऊँगली के इशारे से राम-नाम लिख लेते थे। यही उनकी पूजा थी।" भिखारी ठाकुर ने अपने पदों में सोनपुर के पास के प्रसिद्ध कबीरपंथी सन्त रामलखन दास और आरा-छपरा के मिरचइया बाबा का नाम बड़ी श्रद्धा के साथ लिया है। इससे भी पता चलता है कि वे कबीर के राम को मानते थे। भिखारी ठाकुर शुद्ध शाकाहारी थे और जीव हिंसा के विरोधी थे। भगवती प्रसाद द्विवेदी लिखते हैं कि "एक बार भिखारी ठाकुर के रिश्तेदार और उनकी नाच मण्डली चलानेवाले कलाकार शत्रुघ्न ठाकुर ने बताया था कि भिखारी ठाकुर ने एक गाँव में एक व्यक्ति के घर में एक रस्सी में बँधे बहुत सारे कछुओं को देखा। भिखारी ठाकुर समझ गये कि वह आदमी कछुआ का व्यापारी है। ये कछुए बिक्री के लिए रखे गये हैं। उन्होंने दाम पूछकर उस जमाने में 65 रुपये में उन सारे कछुओं को खरीद लिया और घर ले आये। फिर कछुओं की पीठ पर अबीर पोतकर उन्हें गंगाजी में बहा दिया।" (भिखारी ठाकुर : भोजपुरी के भारतेन्दु)

भिखारी की भक्ति-भावना इतनी प्रबल थी कि अपने प्रत्येक नाच-तमाशे में वे ईश्वर भक्ति के भजन ज़रूर गाते या गायकों से गवाते थे। उनके नाच धार्मिक यज्ञ-अनुष्ठानों में भी जाते थे। उनके कला जीवन में प्रत्येक कृष्ण जन्माष्टमी, रामनवमी,

दशहरा आदि त्योहारों में उनके नाच सट्टा पर जाते रहे। इतना ही नहीं, उन्हें देवताओं की मन्नत और मनोकामना पूरी होने पर नाच नचवाने की लोकआस्था में भी विश्वास था। औरतें अपने बाल-बच्चों की मन्नत पूरा करने के लिए छठ घाट के किनारे अपने आँचल पर नेटुआ का नाच नचवाती थीं। भिखारी ठाकुर और उनके नाच भी जन आस्था के धार्मिक प्रतीक बन चुके थे, पर भिखारी ठाकुर छठ के दिन कहीं नहीं जाते थे। भिखारी ठाकुर के जीवन के उत्तरार्द्ध में वे नाच लेकर जहाँ भी जाते, नाच के खाली समय में औरतें अपने छोटे-छोटे बच्चों को लेकर आतीं और भिखारी ठाकुर से विनती करतीं कि बच्चों के माथ पर हाथ फेरकर आशीर्वाद दे दें, ताकि वे स्वस्थ और निरोग रहे। भिखारी ठाकुर मना करते कि वे कोई ओझा-गुणी या साधु-सन्त नहीं हैं। फिर भी औरतें नहीं मानतीं और उन्हें ऐसा करना पड़ता। नाटकों में भाव विभोर होकर भक्ति-भजन गाने से उनकी ऐसी छवि बन गयी थी। एक ऐसी ही घटना का वर्णन करते हुए राही जी कहते हैं कि "एक बार भिखारी ठाकुर का नाच भागलपुर गया था। एक बूढ़ी औरत अपने नाती को लेकर आयी और भिखारी ठाकुर के पैर पर गिरकर विनती करने लगी-'बाबा एह बच्चा पर तनी हाथ फेर दीं, बीमार बा।' भिखारी ठाकुर कहनी-'हम कोनो ओझा-गुनी नइखी।' बुढ़िया न मानल। भिखारी ने हाथ फेरकर आर्शीवाद दिया-'जीआऽ जागऽ'।" छपरा में डोरीगंज के पास कुम्हारों की एक बस्ती है–'सूर्याहा टोला'। वहाँ दस कट्ठा जमीन में कुम्हारों ने एक सूर्य मन्दिर और राम-जानकी मन्दिर बनवाया हुआ है। कुम्हार लोग सूर्य देवता के भक्त हैं। इसीलिए उन्हें सामूहिक रूप से 'सूर्याहा परिवार' बोला जाता है। सूर्याहा परिवार के लोग जब सूर्य मन्दिर में पूजा करने जाते हैं, तो पहले 'जय भिखारी, जय सूर्याहा' बोलते हैं। इसकी अन्त:कथा यह है कि एक बार सूर्याहा परिवार के नामी-गिरामी सन्त और भक्त बालेश्वर भगत के गोतिया परिवार का एकलौता लड़का काफ़ी बीमार पड़ा। भगत जी ने उसे देखा और उसके पिता को सलाह दी कि इसे भिखारी ठाकुर का आशीर्वाद चाहिए। इसके लिए आगामी कार्तिक शुक्ल षष्ठी (छठ पूजा) के दिन सूर्याहा टोला में मन्दिर के पास भिखारी ठाकुर का नाच कराना होगा। भिखारी का नाच कराने में बहुत पैसे लगते हैं।

मगर लड़के के पिता ने कहा–'मंजूर है। जितना पैसा लगेगा, दिया जायेगा।' भिखारी ठाकुर छठ व्रत के दिन नाच का साटा नहीं बाँधते थे। लेकिन लड़के के पिता और भगत जी के काफ़ी अनुनय-विनय के बाद उनकी आस्था को देखते हुए भिखारी तैयार हुए। षष्ठी के दिन सूर्याहा टोला मन्दिर में भिखारी के भक्ति-भजन और नाच

हुए। भिखारी ने बच्चे के माथ पर हाथ रखकर आशीर्वाद दिया। संयोग से बच्चा ठीक हो गया। तभी से सूर्य मन्दिर अथवा अपने घर की पूजा में उस गाँव के कुम्हार लोग 'जय भिखारी, जय सूर्याहा' की गुहार लगाते हैं। राही जी ने यह संस्मरण 'भिखारी आश्रम' बनवाने के सिलसिले में वहाँ जाकर उनलोगों के सम्पर्क और उनके बताये प्रसंग के आधार पर लिखा है।

भिखारी ठाकुर की व्यस्तता और नाच की कीमत देखकर अक्सर लोग इच्छा रहते हुए भी भिखारी ठाकुर के नाच की मनौती नहीं मानते थे। किन्तु कभी-कभी ग़रीब लोगों की भावना की प्रबलता को देखते हुए भिखारी ठाकुर मुफ़्त में अथवा केवल लागत खर्च पर ग़रीबों के पास उनकी मन्नत पूरी करने के लिए नाच लेकर चले जाते थे। गोरखपुर के एक नोनिया परिवार ने कसम खा रखी थी कि अपने बेटा-बेटी की शादी में भिखारी ठाकुर का नाच करवाऊँगा। भिखारी ठाकुर के नाच का साटा साल-भर पहले से बुक रहता था। उस नोनिया परिवार ने साल-भर तक इन्तजार किया। उनकी श्रद्धा-भक्ति देखकर भिखारी ठाकुर ने उनका साटा बाँध लिया। गोरखपुर के आस-पास के गाँव और जिले में हल्ला हो गया कि भिखारी ठाकुर का नाच आ रहा है। थाना-पुलिस को सतर्क कर दिया गया था। किन्तु इतनी भीड़ जुटी कि अन्त में भिखारी ठाकुर को अपना नाच बन्द कर देना पड़ा। दूसरे दिन भी भीड़ अनियन्त्रित थी। फिर भी नाच हुआ। नोनिया परिवार ने श्रद्धा-भक्ति पूर्वक भिखारी ठाकुर और उनकी मण्डली को बिदाई दी।

यह थी भिखारी ठाकुर की लोकप्रियता और उनकी श्रद्धा-भक्ति। लेकिन भिखारी ने जीवन में केवल भक्ति और त्याग को ही महत्त्वपूर्ण नहीं माना है। उन्होंने जीवन के चार पुरुषार्थों धर्म, अर्थ, काम, मोक्ष में से केवल प्रथम दो को ही महत्त्व दिया है। इन्हीं के माध्यम से सभी पुरुषार्थ सिद्ध हो जाते हैं। उन्होंने कबीर और रैदास की तरह कर्म करते हुए अर्थ (धन) कमाना और बाल-बच्चों का परिवरिश करते हुए भक्ति करना ही जीवन का लक्ष्य माना है–

"मूल जगत में दुई है, एक राम एक दाम।
राम देत है मुक्ति-पद, दाम सम्भारत काम।।"

–(नाई बहार)

भिखारी ठाकुर की मूर्ति-पूजा से विरक्ति का एक कारण आर्य समाज का प्रभाव भी है। आर्य समाजी आन्दोलन में लोग रात के अँधेरे में मठ-मन्दिरों की मूर्ति चुराकर नदी के जल में फेंक देते थे। ऐसी कई घटनाएँ बनारस और उसके आस-पास हुई थीं। लेकिन दयानन्द सरस्वती के मरने के बाद आर्य समाज आन्दोलन शिथिल पड़ने लगा।

इतना तो करना स्वामी जब प्राण तन से निकले

प्रसिद्ध भजन गायक अनूप जलोटा ने जीवन की अन्तिम अवस्था का जो निर्गुण भजन गाया है, वह भिखारी ठाकुर के अन्तिम निर्गुण गीत का ही अनुवाद है। भिखारी ठाकुर का अन्तिम गीत, अनूप जलोटा का अमर भक्ति संगीत बन गया। अनूप जलोटा ने गाया–

"इतना तो करना स्वामी जब प्राण तन से निकले।
श्री गंगा जी का तट हो, मेरा सांवरा निकट हो,
मेरे मुख में तुलसी दल हो, विष्णु चरण का जल हो,
जब प्राण तन से निकले।"

और भिखारी ठाकुर ने लिखा:–

"मरने के वक्त स्वामी अतना करीहा ज़रूरी।
मुख में पड़े गंगाजी के जल, खाली न डलिहा तुलसी दल।
धोवल विष्णु चरण कमल। जय कृष्णचन्द्र बलिराम।
माथे मोर मुकुट घनश्याम।।"

अनूप जलोटा ने गाया:–

"कोई रोग ना सतावे, यम दरश न दिखावे,
जब प्राण तन से निकले।"

और भिखारी ठाकुर ने लिखा:–

"अकाल मृत्यु होने न पावे, कुछ रोग भी न सतावे।
दूत तनिक पास न आवे, मुझसे छूट जाये यमपुरी,
जारस गाँव-गोत्र-परिवार, हड्डी बहे सुरसरि धार।
जय कृष्णचन्द्र बलिराम, माथे मोर मुकुट घनश्याम।"

इस प्रकार भिखारी ठाकुर जानते थे कि उनकी मृत्यु निकट है। उन्होंने अन्तिम अवस्था में जीवन से संन्यास और वैराग्य के अनेक गीत लिखे, जिनमें अनूप जलोटा द्वारा गाया उक्त भजन उनका अन्तिम गीत है।

भिखारी ठाकुर की मृत्यु

तत्कालीन देश, काल और परिस्थितियों के अनुसार भिखारी ठाकुर ने पूरा जीवन व्यतीत किया। उनके देखते-देखते उम्र में उनसे छोटे साथी-संघाती और परिजन भी मरे। पर भिखानी ने कभी अस्पताल का मुँह नहीं देखा। लगभग 84 वर्ष की आयु में उनकी मृत्यु हुई। अपने जीवन के अन्तिम काल में, 82-83 वर्ष की उम्र तक भी वे अपने नाच में जाते रहे। वैसे उन्होंने 78 वर्ष की उम्र में ही नाचों में सक्रिय भागीदारी छोड़ दी थी। उनके भतीजे गौरीशंकर ठाकुर ही नाच का नेतृत्व करते थे। लेकिन लोग थे कि मानते नहीं थे। वे केवल भिखारी ठाकुर के दर्शन करना चाहते थे। इसीलिए यदा-कदा उन्हें डोली में बैठाकर ले जाया जाता था। 80 तक आते-आते उनका शरीर थक चुका था। उनका ज्यादा समय अपने घर पर ही बितने लगा था। लेकिन तब भी उनका लिखना-पढ़ना जारी था। कमरे या बरामदे में एक चटाई पर बैठे-बैठे वे या तो लिखते या गुनगुनाते। इस अवस्था में भी उन्हें कभी-कभी डोली में चढ़कर नाच में जाना पड़ता। लेकिन 84 वर्ष की अवस्था तक आते-आते उन्होंने लगभग बिछावन पकड़ लिया। उनको पेचिस की बीमारी हो गयी थी, जिससे खाना-पीना कम हो गया था। यह सामान्य बीमारी थी। कोई गम्भीर बीमारी कभी नहीं हुई। फिर भी उनका अधिकांश समय बिछावन पर ही बीतने लगा। अब उन्हें चटाई के बदले खटिया पर सुलाया जाने लगा। उनका एक सेवक था-नन्हकू। दिन-रात वह उनकी सेवा करता था। माता, पत्नी, पिता, भाई बहोर, प्रिय साथी रामानन्द सिंह- सभी एक-एक कर साथ छोड़ चुके थे। मन उदास रहता था। फिर भी नन्हकू और बाल-बच्चे मिलकर उनकी सेवा करते थे। बेटा शिलानाथ, पतोहू, तीन-तीन पोते, भतीजे और उनकी बहुएँ सभी देखभाल में व्यस्त रहते।

एक जुलाई से भिखारी ठाकुर ने पूरी तरह बिछावन पकड़ लिया। अब लगने लगा कि वे फिर नहीं उठ पायेंगे। धीरे-धीरे उनकी बोली बन्द हो गयी। वे इशारे से बात करने लगे। और मृत्यु के तीन दिन पहले उन्होंने खाना-पीना छोड़ दिया। अन्ततः चेहरे पर हँसी और मुस्कुराहट की आभा लिये भिखारी ठाकुर ने 10 जुलाई 1971 को दोपहर दिन में इस दुनिया को अलविदा कह दिया। भिखारी ने अपनी मृत्यु की भविष्यवाणी लगभग पहले की कर दी थी। अपने नाटक 'राधेश्याम बहार' में उन्होंने लिखा था–"कहत भिखारी शनिचर के दिन, होई सँउसे गाँव के बटोर।" संयोग से 10 जुलाई 1971 को वह दिन शनिचर ही था, जब भिखारी ठाकुर का निधन हुआ। झमाझम बारिश के बीच भी समूचा गाँव-जबार जुट गया था। बाद में ख़बर पाकर

पटना और छपरा से भी कुछ लोग जुटे और आस-पास के गाँवों से उनके नाच के कलाकार भी। भिखारी की मृत्यु दिन में 12 बजे हुई थी। संयोग से उनका जन्म भी 12 बजे दिन में ही हुआ। मूसलधार बारिश के बीच भी लगभग 04 बजे अपराह्न में शव को डोली (अर्थी) में रखा गया। आजकल का जमाना होता, तो शव को कम-से-कम 24 घंटे सुरक्षित रखकर कल होकर दाह-संस्कार किया जाता। कल होकर धूप भी निकल आयी थी। किन्तु हिन्दुओं में एक अन्ध परम्परा है कि मृत्यु के बाद मुर्दे को घर में नहीं रख सकते, उसे शीघ्रातिशीघ्र श्मशान घाट पर ले जाकर जला दिया जाता है। यदि रात में मृत्यु हुई हो, तो सुबह तक इन्तजार किया जाता है। क्योंकि रात में लाश जलाने की मनाही है।

राही जी लिखते हैं कि कई नावों पर सवार होकर लोग गंगा उस पार डोरीगंज घाट पर ले गये। वहीं पर रात-भर के प्रयास के बाद कल होकर सुबह में जब वर्षा बन्द हो गयी, तो दाह संस्कार हुआ। किन्तु भिखारी ठाकुर के परिजन इस बात का खण्डन करते हैं। उनके अनुसार भिखारी ठाकुर का दाह-संस्कार गंगा इसी पार उनके घर के पास कुतुबपुर घाट पर हुआ था। यह सही है कि लाख प्रयास के बाद वर्षा के कारण रात में दाह-संस्कार नहीं हो सका। गोयठे, लकड़ी, धान की भूसी, घी, धूप के बीच लाश रखी गयी। पुत्र शिलानाथ ने मुखाग्नि दी। चिता धधकी, लेकिन तेज बारिश ने उसे बुझा दिया। दो कंटर घी और चार कंटर किरासन तेल भी काम नहीं आये। लोग रात-भर बगल के गाछ के नीचे बैठकर चिता को अगोरते रहे। भोर होते-होते वर्षा थम गयी। जब लाश जलाने की तैयारी हुई, तो गंगा उस पार छपरा और आस-पास के गाँवों से बीसियों नाव में सवार लोग भिखारी की चिता की ओर आने लगे हाथ में गमछा लहराते हुए इशारा करके चिल्लाने लगे कि अभी चिता मत जलाइये हमलोग आकर दर्शन कर लेंगे, फिर चिता जलेगी। लोग उनकी प्रतीक्षा में रुक गये।

भिखारी ठाकुर को सूर्य का इष्ट था। वे सूर्य को सबसे बड़ा देवता मानते थे। सूर्योदय होते ही वे हाथ जोड़कर प्रणाम करते और नित्यप्रति स्नान करके सूर्य देवता को एक लोटा जल चढ़ाते थे। इसीलिए कहा जाता है कि सूर्य भगवान ने कृपा की और बादल पूरी तरह छँट गये। सुबह में सूर्य की लाली के साथ ही भिखारी की चिता जल उठी। लोगों ने सूर्य भगवान को हाथ जोड़कर प्रणाम किया और शिलानाथ चिता भस्म को माथे से लगाया, फिर कुछ हड्डियाँ चुनी। सभी लोग गंगा स्नान करके घर वापस आ गये। इस प्रकार भिखारी का दाह संस्कार कायदे से दिनांक: 11 जुलाई को ही सम्पन्न हुआ। भिखारी तुलसीदास और उनके राम के भक्त थे। कहा जाता

है कि तुलसीदास का निधन भी सावन में शनिवार को ही हुआ था:–"सावन कृष्णा तीज शनि, तुलसी तज्यो शरीर।" यह महज संयोग ही है कि भिखारी ठाकुर का निधन भी सावन मास के शनिवार को ही हुआ।

भिखारी ने बुढ़ापे में राम स्वरूप निराकारी ब्रह्म की भक्ति में तन्मय होकर कई निर्गुण लिखे और गाये। ये निर्गुण उनके नाटकों में भी गाये जाते थे।

"राम कह, राम कह, मन मुँहचोरवा।
आई जब नियार, तब गिराबे लगब लोरवा।
लालच के पहिरले बाड़, लहँगा पटोरवा।
रूप देखि के भुलल बाड़, काला-साँवर-गोरवा।
चढ़ि के चलब खाट पर, मसान घाट ओरवा।
होलिया फुँकाई उठि, आग के धँधोरवा।
ससुरा में सइयाँ बाटे, अजब कठोरवा।
देबऽ का जवाब जब, करिहें झकझोरवा।
कहत भिखारी बानी, करत निहोरवा।
पाछे पछितइब जब, करबऽ जोर-सोरवा।
राम कह, राम कह मन मुँहचोरवा।"

तत्कालीन संवाद संसार और आज के स्मारकों में भिखारी ठाकुर

भिखारी ठाकुर अपने जमाने में ही उस जमाने की मशहूर पत्र-पत्रिका 'सरस्वती, धर्मयुग, माधुरी, चाँद, कादम्बिनी, जनसत्ता, हिन्दुस्तान, आर्य महिला, अमृत बाज़ार पत्रिका, आज' आदि में छपने लगे थे। 'धर्मयुग' के सम्पादक धर्मवीर भारती, प्रसिद्ध साहित्यकार शिवपूजन सहाय, जगदीशचन्द्र माथुर, महेश्वराचार्य, भगवती प्रसाद द्विवेदी, कलक्टर सिंह केसरी, चर्चित चित्रकार उपेन्द्र महारथी, रामेश्वर सिंह कश्यप (लोहा सिंह) आदि नामी-गिरामी लेखक, कवि और साहित्यकारों ने भिखारी ठाकुर से सम्पर्क साधा था। इनमें से कइयों ने उनके गाँव और उनके घर का कई बार दौरा भी किया था। भिखारी ठाकुर पर आलेख और उनके गीत आदि 1944 से पत्र-पत्रिकाओं में छपने लगे थे। इनके लेखकों में मुख्यरूप से महेश्वराचार्य, भगवती प्रसाद द्विवेदी आदि थे। वर्ष 1971 में उनकी मृत्यु पर तिरहुत कमिश्नरी के तत्कालीन कमिश्नर और प्रसिद्ध लेखक जगदीशचन्द्र माथुर ने उन पर लम्बा संस्मरणात्मक आलेख लिखा–'मैंने केवल उनका ओटोग्राफ लिया था', जिसमें उन्होंने उन्हें भारतेन्दु परम्परा के लोकनाटककार बताया था। यह आलेख 'साप्ताहिक हिन्दुस्तान' में छपा था। बाद में उन पर अनेक आलेख, आलोचना और पुस्तकें लिखी गयीं। विश्वविद्यालयों में उन पर अनेक शोधकार्य हुए, आज भी हो रहे हैं। भारत सरकार के राष्ट्रीय नाट्य विद्यालय (NSD) में भिखारी ठाकुर की 'बिदेसिया' शैली पर अब विधिवत एक विभाग खुल चुका है, जिसमें देश और दुनिया के छात्र अध्ययन और शोध-अनुसन्धान करते हैं। इस बीच उनके गाँव कुतुबपुर में एक विशाल 'लोककलाकार भिखारी ठाकुर आश्रम' भी स्थापित हो चुका है। भिखारी ठाकुर के नाम बिहार की राजधानी

पटना और अन्य जगहों पर भी कुछ पुल-पुलिया और सड़कों के नाम रख दिये गये हैं। छपरा और आरा के मुख्य चौराहे पर भिखारी ठाकुर की मूर्तियाँ भी लगी हुई हैं।

छपरा में तो भिखारी की आदमकद प्रतिमा उनके कलाकारों के साथ साज-बाज सहित स्थापित है। 1971 में उनकी मृत्यु के बाद बिहार में जो भी मुख्यमन्त्री आये, लगभग सबने भिखारी ठाकुर की ख़बर लीं।

भिखारी ठाकुर के गृह-जिला सारन के मुख्यालय छपरा के भिखारी ठाकुर चौक पर स्थापित नाट्यमण्डली के साथ भिखारी ठाकुर की प्रतिमा

कर्पूरी ठाकुर ने आश्रम की स्थापना में सरकार की ओर से भारी योगदान किया। छपरा में उनकी प्रतिमा की स्थापना लालू यादव के समय हुई। इसके अलावा चन्द्रशेखर सिंह ने भी भिखारी ठाकुर की स्मृति को जिन्दा रखने के लिए योगदान किया था। अभी हाल ही में सारण शिक्षक निर्वाचन क्षेत्र से दूसरी बार निर्वाचित बिहार विधान परिषद् के माननीय सदस्य प्रो. वीरेन्द्र नारायण यादव के प्रयास से बिहार सरकार द्वारा छपरा में एक विशालकाय 'भिखारी ठाकुर प्रेक्षागृह' का निर्माण किया गया है। यू-ट्यूब चैनलों पर भिखारी ठाकुर के गीत और भजनों की धूम मची हुई है। छोटे-बड़े अनेक लेखक और विद्वान उन पर पुस्तक और आलेख लिख रहे हैं। अंग्रेज़ी सहित हिन्दी, बंगला, भोजपुरी और कई दक्षिण भारतीय भाषाओं में भी उन पर शोध-अनुसंधान चल रहे हैं।

इस प्रकार भिखारी ठाकुर की लोकप्रियता दिनानुदिन बढ़ रही है। यह और बढ़ेगी; क्योंकि भिखारी ठाकुर के सपने अभी अधूरे हैं। उन्होंने जिस समाज का सपना देखा था, संयोग से बहुत हद तक वह समाज बनता हुआ दिखायी दे रहा है। जातियाँ मिटी तो नहीं हैं, पर उनके बीच की दूरियाँ घटी हैं।

भिखारी ठाकुर के प्रमुख नाटकों का संक्षिप्त परिचय

भिखारी ठाकुर ने लगभग तीन दर्जन से अधिक लोकनाटकों और गीत-संग्रहों का सृजन किया–सभी ज्वलन्त सामाजिक समस्यायों पर आधारित। यहाँ उनके कुछ प्रमुख नाटकों का संक्षिप्त वर्णन किया जा रहा है।

1. बिदेसिया

'बिदेसिया' भिखारी ठाकुर का सर्वाधिक प्रसिद्ध और प्रचलित लोकनाटक है। यह नाटक इतना प्रसिद्ध हुआ कि यह एक नाटक नहीं, एक नाट्य-शैली ही बन गया। इस लोकनाट्य परम्परा और शैली का बिहार और देश की लोकसंकृति में विशिष्ट स्थान है। व्यंग्य, विरह और वियोग की ऐसी अकथ कहानी किसी भी साहित्य में दुर्लभ है:–

"मोरवा मचावे जइसे सोरवा गरज सुनि,
प्यारी छटपटाली राही देखि के बिदेसिया।
छोड़िकर घरवा के बहरी ओसरवा में,
जल बिनु मछरी के हलिया बिदेसिया।
फूलबा सरिस जगदीस जी बनाइ कर,
पति के बियोग देइ दिहलऽ बिदेसिया।
सुनिकर कानवाँ मे, गुनिकर मनवाँ में,
कहत 'भिखारी' घरे चलि जा बिदेसिया।।"

'बिदेसिया' जैसा कि नाम से ही स्पष्ट है, एक ऐसे युवक की कहानी है, जो रोजी-रोटी के लिए नयी-नवेली पत्नी को छोड़कर विदेश (कलकत्ता) चला जाता है और फिर वहीं का होकर रह जाता है। वियोगिनी पत्नी एक बटोही के मार्फत उसे घर की दुरावस्था और अपने वियोगजनित दुख का सन्देश पहुँचवाती है। उस बटोही की प्रेरणा से वह पुन: अपने घर आ जाता है। बस, कहानी इतनी ही सी है।

किन्तु इसके बहाने भारतीय समाज, संस्कृति और लोकजीवन के इतने राग-रंगों

का चित्रण हो गया है कि मन विभोर हो जाता है। यहाँ ग्रामीण जीवन और लोकसंस्कृति का पोर-पोर राग-रंगों से सराबोर है। सुख-दुख, राग-विराग, विरह-मिलन, हास-परिहास आदि जीवन की विभिन स्थितियों का तन्मयतापूर्ण चित्रण हुआ है। प्रेम और विरह का तो यह लोक महाकाव्य ही है। कथानायक बिदेसी एक ग्रामीण युवक है। सकल-सूरत से सुन्दर है, पर वह निर्धन है, खेतीहर मजदूर है। किन्तु खेतों में भी बराबर मजदूरी नहीं मिलती। साल के कुछ ही दिनों काम मिलता है। बाकी समय में वह बेरोजगार रहता है। उसकी शादी एक सुन्दर युवती से हो जाती है। विवाह के कुछ दिनों के बाद बिदेसी अपनी पत्नी का गवना (द्विरागमन) कराके घर ले आता है। पति-पत्नी में बहुत प्रेम रहता है। वह पत्नी के रूप-सौन्दर्य पर मुग्ध है। उसकी सुन्दरता पर रीझकर वह उसे 'प्यारी सुन्दरी' कहता है। कुछ दिन इसी तरह बीतते हैं। किन्तु लम्बी बेरोजगारी और बिगड़ती आर्थिक स्थिति के कारण युवक बिदेसी का मन दुखी और बेचैन हो जाता है। उसके गाँव और आस-पास के अन्य अनेक युवक कमाने के लिए कलकत्ता, असम आदि पूर्वी राज्यों में जाते हैं और धन कमाकर घर लौट आते हैं। युवक भी सोचता है कि वह कलकत्ता जाकर मेहनत-मजदूरी करके कुछ धन कमाये। वह पत्नी 'प्यारी सुन्दरी' से कलकत्ता जाने की बात कहता है। युवती आशंकित हो जाती है। वह पुरजोर विरोध करती है, बताती है कि 'आपको किस बात की कमी है कि कलकत्ता जाइएगा?'

तब वह बहाना बनाकर घर से चुपके से भाग जाता है। इस बीच नाटक में हास-परिहास और विरह-वियोग के अनेक दृश्य और गीतों की योजना की गयी है। स्टेशन पर गाड़ी पकड़कर युवक कलकत्ता चला जाता है। वहाँ जाकर वह 'बिदेसी' (परदेसी) बन जाता है। दिनभर कड़ी मेहनत-मजदूरी कर धन कमाता है। उसका परिचय एक युवती से होता है। एकाकी युवक की कामनाएँ उमड़ने लगती है। युवती भी उसकी ओर आकर्षित होती है। दोनों पति-पत्नी की तरह रहने लगते हैं। किन्तु उस पत्नीनुमा युवती को वहाँ का समाज रखैल या रण्डी ही समझता है। बिदेसी उसी रखैल में रमा रहता है, अपने गाँव-घर और पत्नी को भी भूल जाता है। इधर घर पर पत्नी पति वियोग और घर की खराब स्थिति के कारण दिन-रात रोती-कलपती रहती है। पति के वियोग में तरह-तरह से विलाप करती है। भिखारी ठाकुर ने वियोग श्रृंगार के गीतों से दुख की नदियाँ बहा डाली है–"पियबा गइले कलकतवा रे सजनी, डगरिया जोहत ना हो, बीतत बाटे अठपहरिया हो, जनिया मकनिया में हनिये के केवरिया हो" आदि।

एक दिन एक अधेड़ बटोही, जो कमाने के लिए कलकत्ता जा रहा है, प्यारी

सुन्दरी का विलाप सुनता है और दुखी हो जाता है। उसे पति को खोजकर वापस बुलाने का भरोसा देता है। कलकत्ता पहुँचने पर बटोही प्यारी सुन्दरी के बताये हुलिया से 'बिदेसी' को खोज लेता है, उसे समझाता-बूझाता है। वह उसकी पत्नी 'प्यारी सुन्दरी' के दारुण दुख का वर्णन करता है–

"तोर कुलवन्ती नारी, रोअतारी पूका फारि,
काटि के तू डाल दिहलऽ कुँआ में बिदेसिया।
ध्यान धके पति पर, फेंकरि-फेंकरिकर,
मनि बिनु फनिक बेहाल रे बिदेसिया।
खेलतारऽ जुआसार, छोड़िकर घर-द्वार,
घरनी लोटत बिआ धरनी बिदेसिया।
जल्दी से घर चेतऽ, दुखित नारी के हेत,
अतने गरज के अरज बा बिदेसिया।
कहत 'भिखारी' फुलवारी के उजारि देलऽ,
पूत होके भइलऽ जमदूत हो बिदेसिया।"

बटोही की बात सुनकर बिदेसी की स्मृतियाँ लौट आती हैं। बिदेसी घर लौटने को राजी हो जाता है। किन्तु रखैल विरोध करती है। बाड़ीवाला (मकान मालिक), साहूकार और गुण्डे बिदेसी के बकाये के एवज में उसके सारे सामान और कपड़े छीन लेते हैं। बिदेसी फटेहाल होकर घर लौटता है। उधर गाँव का एक मनचला युवक, बिदेसी की पत्नी के सतीत्व की परीक्षा लेने के लिए उसे प्रलोभन देता है, सफल नहीं होने पर बलात्कार करना चाहता है। सुन्दरी के जबर्दस्त विरोध और पड़ोसनों के पहुँचने के कारण वह युवक भाग जाता है। इसी परिस्थिति में बिदेसी अपने घर पहुँचता है। पहले ही से भयभीत पत्नी दरवाज़ा नहीं खोलती है। किन्तु बाद में वह बिदेसी की आवाज पहचान कर दरवाज़ा खोल देती है। पीछे से उसकी कलत्तिया पत्नी भी अपने दोनों बच्चों के साथ खोजते-खोजते बिदेसी के घर पर पहुँच जाती है। यहाँ पर पहले से ही बिदेसी के भरे-पूरे परिवार को देखकर वह निराश हो जाती है। वह बिदेसी और सुन्दरी से अपने साथ रखने का अनुनय-विनय करती है। उस पर दया दिखाती हुई सुन्दरी उसे अपने साथ रख लेती है। सभी मिल-जुलकर साथ-साथ रहने लगते हैं। दोनों के घर बस जाते हैं।

इस प्रकार नाटक की कथा खत्म हो जाती है। किन्तु इस कहानी के पीछे कहने-सुनने के लिए जो बातें रह जाती हैं, वे हैं–बिदेसी, सुन्दरी, वेश्या बनी नारी और बटोही के चरित्र, उनसे जुड़े देशकाल, जीवन-मूल्य और संवेदनाएँ। यहाँ ध्यान

देने की बात है कि बिहार और देश के प्राय: सभी हिस्सों के ग़रीब लोग रोजगार के अभाव में सम्पन्न राज्यों में रोजी की तलाश में जाया करते हैं। वहाँ से कुछ कमाकर लाते हैं और बाल-बच्चों का गुजारा करते हैं। यह परम्परा आज तक चली आ रही है। भिखारी ठाकुर ने ग़रीब ख़ासकर दलितों के इस पलायन और उनकी दुर्दशा की समस्या उठायी है। भिखारी को अपने निजी जीवन में भी इस समस्या से दो-चार होना पड़ा था। 'बिदेसिया' की इस कथा में उनका निजी अनुभव ही बोल रहा है। यह निजी पीड़ा यहाँ जन-जन की पीड़ा बन गयी है। किन्तु इस लोकनाटक में ग़रीब समाज की केवल आर्थिक समस्या ही नहीं है, इसका सांस्कृतिक पक्ष भी यहाँ गहराई के साथ व्यंजित हुआ है। कलकत्ता (खड़गपुर) जाना भिखारी ठाकुर के जीवन का पहला मोड़ है। बिदेसी अपनी नवविवाहिता पत्नी को छोड़कर कलकत्ता जाता है। भिखारी ठाकुर को भी राजी-रोटी की तलाश में अपनी नयी पत्नी को छोड़कर कलकत्ता जाना पड़ता है। यह पीड़ा भिखारी ठाकुर की अपनी पीड़ा है। इसीलिए भिखारी ठाकुर ने सबसे पहले इसी पलायन को अपनी कला का विषय बनाया। दूसरी पत्नी (रखैल) को यहाँ उसकी असली पत्नी द्वारा स्वीकार किया जाना अखरता है। किन्तु समाज और परिवार को टूटने से बचाने के लिए और पहले से चली आ रही बहु-विवाह की परम्परा में इतना कुछ भारतीय पत्नियाँ बर्दास्त कर लेती रही हैं। 'बिदेसिया' भिखारी ठाकुर का सबसे प्रसिद्ध और मार्मिक नाटक है।

भारतीय संस्कृति में स्त्रियों का भरपूर शोषण हुआ है। बहुविवाह और बाल-विवाह की प्रथा इसी शोषण के प्रतीक हैं। यौन पवित्रता और स्त्रियों की रक्षा के नाम पर ऐसे अत्याचार होते हैं। उसे बेचा तक जाता रहा है। उनका रखैल और वेश्या बनना आम बात रही है। सामन्तों में तो ऐसी प्रथा रही ही हैं, समाज के ग़रीब किसान और मजदूर भी इस रोग से वंचित नहीं रहे। भिखारी ठाकुर के संवेदनशील हृदय ने ऐसी कुप्रथाओं से टूटते समाज और स्त्री जीवन की विडम्बना और त्रासदी को गहराई से महसूसा है और अपनी कला के माध्यम से उसका समाधान जुटाया है। भिखारी ने 'बिदेसिया' के नायक बिदेसी को इसी पृष्ठभूमि में प्रस्तुत किया है। इस कथा को भिखारी ने आध्यात्मिक रूपक भी बनाना चाहा है। बिदेसी यहाँ परमात्मा का प्रतीक है। बिदेसी की पत्नी सुन्दरी परमात्मा के वियोग में तड़पती जीवात्मा है, वेश्या या रखैल बनी नारी माया का प्रतीक है और बटोही सच्चे मार्ग दिखानेवाला गुरु हैं। लोकभाषा भोजपुरी में जीवनमूल्यों और सामाजिक संवेदना की इतनी बड़ी कथा कहकर भिखारी ठाकुर ने न केवल भारतीय लोकजीवन को संवारा है, बल्कि भोजपुरी भाषा को भी समृद्ध और समर्थ बनाया है। बिदेसिया की कथा जायसी के

पद्मावत और कबीर के आध्यात्मिक रूपकों की याद दिलाती है।

"कायापुर घर हउए, पानी से बनावल गउए,
अचरज अकथ कहानी हो बिदेसिया।
चललीं बहरवा से कानवाँ परल मोरा,
सती का बिपति के मोटरिया बिदेसिया।।"

2. बेटी-बेचवा (बेटी वियोग) नाटक

भिखारी ठाकुर की ख्याति भले ही 'बिदेसिया' के कारण हो, पर उनका सबसे मार्मिक और प्रभावशाली नाटक 'बेटी बेचवा' है। भिखारी ठाकुर की कला का कमाल था कि पहले वे हँसाते थे, फिर रुलाते थे। उनके नाटक के पूर्वार्द्ध में भरपूर हास्य-व्यंग्य और मनोरंजन होता था और अन्त में रुदन और शान्ति। वैसे तो अपने सभी नाटकों को उन्होंने डूबकर लिखा और उसी तन्मयता से उसका गायन और मंचन भी किया, किन्तु 'बेटी-बेचवा' नाटक में उन्होंने अपनी सारी कला, अनुभव और अनुभूतियों को उड़ेल दिया है। नाटक में पहले खूब हँसाया गया है। बूढ़े वर से सखियों की ठिठोली, उसका उठना-गिरना, उसकी वेश-भूषा आदि जोरदार हास्य दृश्य प्रस्तुत करते हैं। फिर–

"चलनी से चाचल दुलहा, सूप से फटकारल हे,
दिअका के लागल बर, दुअरे बाजा बाजल हे।
आँवा के पाकल दुलहा, झाँवा के झारल हे,
कलछुल से दागल, बकलोलपुर से भागल हे।।"

ऐसे हास्य-व्यंग्य, विवाह गीत और हास्य दृश्यों के बाद जब बेटी की बिदाई होती है, तो बेटी के विलाप से कलेजा काँप जाता है। यह ऐसा समस्या-प्रधान नाटक था कि जिस गाँव-बस्ती में इसका मंचन होता था, वहाँ की औरतें और लड़कियाँ बाल-विवाह और बेमेल-विवाह से इनकार कर देती थीं। नाटक के गीत और अभिनय देख-सुनकर औरत तो औरत, पुरुषों का भी कलेजा फट जाता था। औरतें कई.कई दिनों तक रोती रहती थीं। यह ऐसी ज्वलन्त समस्या थी, जिसका सीधा असर समाज पर पढ़ता था और बेटियाँ बिकने से इनकार कर देती थीं। बाबू लोगों के कई गाँवों में इस नाटक का विरोध भी हुआ, जहाँ लड़कियों को बेचा जाता था। बचपन में मैंने भी अपने गाँव-समाज में लड़कियों को बिकते हुए देखा है। यद्यपि इसकी जड़ में ग़रीबी थी, पर यह प्रथा मुख्य रूप से बाबू लोगों में थीं। आज समाज में बेटी बेचने की समस्या नहीं है। इसका बहुत बड़ा श्रेय भिखारी ठाकुर के 'बेटी बेचवा'

नाटक को जाता है।

"गिरिजा-कुमार कर दुखवा हमार हर;
ढर-ढर ढरकत बा लोर मोर हो बाबूजी।
रोपेया गिनाई लिहलऽ पगहा धराई दिहलऽ,
चेरिया के छेरिया बनवलऽ हो बाबूजी।
बर खोजे चलि गइलऽ, माल लेके घर में धइलऽ,
दादा लेखा खोजल दुलहवा हो बाबूजी।
हँसतऽ लोग गँइयाँ के, सूरत देखि के सँइयाँ के,
खाइके जहर मरि जाइब हम हो बाबूजी।
खुसी से होता बिदाई, पथल कइलस छाती माई,
दूधवा पिआई बिसराई देली हो बाबूजी।.... "

'बेटी बेचवा' का यह गीत भिखारी ठाकुर के सभी गीतों से लम्बा और मार्मिक है। इसमें भिखारी ठाकुर की पीड़ा बोल रही है। काश, भिखारी ठाकुर का वह कलाकार आज जीवित होता, जिसने इसे गाया! उस जमाने का कोई ऑडियो-वीडियो भी होता! फिर भी आज के कलाकार उसे उसी धुन में गाकर जीवित और जीवन्त बना रहे हैं।

3. विधवा-विलाप

विधवा-विलाप बेटी-वियोग की अगली कड़ी है। ग़रीब माँ-बाप बूढ़े पति से बेटी की शादी कर देते थे और भरी जवानी में ही बेटी विधवा हो जाती थी। फिर नि:सन्तान विधवा के भरण-पोषण, उसकी सम्पत्ति की समस्या आती थी। भिखारी ने इसी समस्या को मार्मिक ढंग से पेश किया है। 'विधवा-विलाप' में जवान लड़की की शादी बूढ़े पति से होती है। पति तुरत ही मर जाता है। अब घर का भतीजा (जाऊत) पहले तो चाची को सम्मानपूर्वक रखती है। किन्तु बाद में पत्नी के बहकावे में आकर वह विधवा चाची को तीर्थाटन के बहाने एक जंगल में ले जाकर हत्या कर देना चाहता है, ताकि उसके पूरे धन को वह हड़प ले। विधवा चाची को जब हकीकत का पता चलता है, तो वह बहुत रोती-गिड़गिड़ाती है। पर जाऊत को दया नहीं आती है। इसी बीच एक साधु आ जाता है और विधवा का भतीजा और उसका साथी भाग जाता है। विधवा को शरण मिल जाती है और उसका धन भी बच जाता है। भिखारी ठाकुर ने 'विधवा-विलाप' में बहुत ही कारुणिक गीत लिखे और गाये हैं। यह भिखारी ठाकुर का चर्चित नाटक है। घर में रहने के लिए विधवा विलाप करती हुई सबसे अनुनय-विनय करती है, किन्तु किसी का मन नहीं पसीजता। विधवा का जीना मुहाल हो गया है।

"कवन कसूर कइली, घर से निकालल गइली,
छूटल जात बा नइहर-ससुररबा हो बबुआ।
बबुआ समुझऽ मन, तोहरे हऽ सब धन,
काकी करिहन जुठवा के असरा हो बबुआ।
कहत 'भिखारी' नाई, विधवा विलाप गाई,
भज रघुराई जान छोड़ी दऽ हो बबुआ।"

इस प्रकार भिखारी ठाकुर ने विधवा जीवन के अभिशाप से समाज को सावधान करते हुए उससे मुक्ति का सन्देश दिया है।

4. गबरघिचोर

'बिदेसिया' के बाद भिखारी ठाकुर का दूसरा प्रसिद्ध और उद्देश्यपरक नाटक 'गबरघिचोर' है। इस नाटक में भी भारतीय समाज में स्त्री जीवन की पीड़ा को गहराई से उकेरा गया है–

"सिव-सती जी के पूत, देवन में मजगूत,
गिरत बानी तोहरे चरन में हो स्वामी जी !
गवना कराके गइलऽ, घर के ना सुधि कइलऽ,
मरतानी तोहरा बियोग में हो स्वामी जी !"

गाँव के मजदूरों की बेरोजगारी का यह हाल है कि शादी-गवना के बाद ही उन्हें रोजी कमाने दूर देश चला जाना पड़ता है। नव-दम्पति के लिए मिलन की जगह विरह की विकराल समस्या है। ग़रीबों की पत्नियाँ इस अभिशाप से सदा से पीड़ित रही है। परदेस जाकर पति प्रायः दुर्व्यसन और परनारी से सम्बन्ध का शिकार होकर अपनी पत्नी को भूल जाता है। पत्नी को वियोग का दुख तो झेलना ही पड़ता हैं, कभी-कभी उसके ऊँच-नीच पाँव भी पड़ जाते हैं और वह गर्भवती हो जाती है। उससे अवैध सन्तान उत्पन्न हो जाती है। इससे तरह-तरह की पारिवारिक और सामाजिक समस्याएँ उत्पन्न होती है। फिर उत्पन्न सन्तान पर अधिकार किसका हो? भारत के ग़रीब और दलित समाज में प्रायः ऐसा होता रहा है। 'गबरघिचोर' एक ऐसे ही परिवार की कहानी है। इसमें परदेस गये पति के वियोग मे पत्नी की दारुण विरह-व्यथा तो है ही, उससे उत्पन्न अवैध सन्तान पर अधिकार की समस्या भी है। फिर स्त्री के अधिकार की मनो-सामाजिक स्थिति का चित्रण भी है।

'गबरघिचोर' का शाब्दिक अर्थ होता है–अवैध सन्तान। 'गबरघिचोर' इस लोकनाटक का मुख्य पात्र भी है और एक जाति सूचक नाम भी। उसका पिता गवना

कराके तुरत परदेस चला जाता है और बुरी लतों का शिकार हो जाता है। परदेस जाकर वह पत्नी को भूल जाता है। भिखारी ठाकुर ने काम के अनुरूप उसका नाम भी रखा है– गलीज। इधर गाँव में अकेली पड़ी उसकी जवान पत्नी का नाम 'गलीज बहू' है। वह गाँव-घर में रोपनी-डोभनी, कटनी-पिटनी आदि का काम कर अपना पेट पालती है। गलीज बहू पति के घर आने की प्रतीक्षा में जी रही है। पति गलीज के परदेस गये पन्द्रह वर्ष हो चुके हैं। उपेक्षित और अकेली पत्नी गाँव में विपत्ति में फँसी है। जवान औरत कब तक अकेली रहे? गाँव के ही एक मनचले युवक 'गड़बड़ी' के साथ उसका अवैध सम्बन्ध हो जाता है। वह अपने को नैतिक रूप से कमजोर नहीं मानती। वह गर्भवती होकर एक पुत्र को भी जन्म देती है। इसे वह अपने मातृत्व की गरिमा समझती है और समाज की सारी लानतों के बावजूद उसका लालन-पालन करती है। समाज इस अवैध पुत्र को उपेक्षा से 'गबरघिचोर' कहता है। गबरधिाचोर बड़ा हो चुका है। वह अपनी माँ के साथ सुखपूर्वक रहता है। इसी बीच गाँव का कोई व्यक्ति परदेस जाता है और वह गलीज को गाँव-घर, उसकी पत्नी और उसकी सन्तान के बारे में विस्तार से बताता है। गलीज अपनी पत्नी को पहले ही से झगड़ालू और कुलटा समझ रहा होता है। उसे उससे प्रेम और लगाव नहीं है। किन्तु उसका व्यावसायिक मन डोलने लगता है कि क्यों न वह गबरघिचोर को अपने साथ कमाने के लिए शहर ले आवे? चाहे जैसे भी पैदा हुआ हो, बेटा तो उसी का कहलायेगा। उसकी कमाई से गलीज की आमदनी बढ़ जायेगी। यही सोचकर वह अपने गाँव जाता है और पत्नी से ऐसा ही प्रस्ताव रखता है।

किन्तु गलीज-बहू अपने बेटे को पति के साथ भेजने के लिए किसी भी तरह राजी नहीं होती। जब गलीज जबरर्दस्ती पर उतर आता है, तो 'गड़बड़ी' बीच में आ जाता है। आख़िर गबरधिचोर का असली बाप तो वही है। बात बहुत उलझ जाती है। माँ अपने पुत्र को अपना सहारा समझाती है। गड़बड़ी अपने को उसका बास्तविक पिता मानता है और गलीज अपनी पत्नी से उत्पन्न उस बालक पर अपना परम्परागत अधिकार मानता है। यह विवाद विकराल रूप धारण कर लेता है, मार-पीट की नौबत आ जाती है। अन्ततः तीनों को पंचायत का सहारा लेना पड़ता है।

पंचायत बैठती है। भिखारी ठाकुर ने गाँव की पंचायत पर करारा व्यंग्य किया है। गाँवों में ज़मींदार, पण्डित या कुछ दबंग लोग गाँव के आपसी झगड़ों की पंचायत किया करते हैं। वैसे ही लोग मुखिया, सरपंच होते हैं। आज चुनाव के जमाने में भी अपने कल-बल-छल से ऐसे ही लोग उन पदों पर काबिज हो जाते हैं। पहले तो ऐसी पंचायत की निष्पपक्षता और न्याय कुछ सही भी होती थी, पंच को परमेश्वर

कहा जाता था; किन्तु जैसे-जैसे ग्रामीण समाज बिगड़ता गया, उसकी विश्वसनीयता भी घटती गयी और घूस लेकर या किसी अन्य प्रभाव से पंचायत में भी गलत फैसले होने लगे। ऐसे ही एक पंच आते हैं–गबरघिचोर के भाग्य का निर्णय करने। तीनों अपने-अपने पक्ष में तर्क देते हैं। पंच गलीज और गड़बड़ी-दोनों से बारी-बारी से घूस लेते हैं। न्याय कभी इस पक्ष में, कभी उस पक्ष में होता रहता है।

भिखारी ठाकुर ने बड़े रोचक अंदाज में पंचायती व्यवस्था का मजाक उड़ाया है। निर्णय बदलते रहते हैं। पंच का निर्णय एक मानता है, तो दूसरा इनकार कर देता है। फिर फैसला बदलता है, तो दूसरा इनकार कर देता है। इस प्रकार जब निर्णय किसी प्रकार नहीं हो पाता, तो गबरघिचोर को ही तीन हिस्सों में काट कर तीनों में बराबर बाँट देने का अविवेकपूर्ण निर्णय होता है। इस पर गलीज और गड़बड़ी तो तैयार हो जाता है; किन्तु उसकी माँ का कलेजा फटने लगता है। वह अपना प्रस्ताव वापस ले लेती है। और पुत्र को उन्हीं दोनों में से किसी एक को जिन्दा दे देने का प्रस्ताव करती है। उसकी ममता और बुद्धिमत्ता सामने आ जाती है। इस पर पंच का विवेक जगता है। वे गलीज और गड़बड़ी की भर्त्सना करते हैं। उनकी नीचता और धूर्त्तता को सार्वजनिक करते हुए वे उन्हें फटकारते हैं और अन्ततः गबरघिचोर को उसकी ममतामयी असहाय माँ को सौंप दिया जाता है। इस प्रकार कथा का समापन होता है। इस नाटक में पंच की भूमिका भिखारी ठाकुर खुद निभाते थे। प्रेमचन्द के 'पंच परमेश्वर' कहानी और भिखारी ठाकुर के 'गबरघिचोर' नाटक के पंचों का मिलान कीजिए। दोनों ही रचनाएँ लगभग एक ही समय में लिखी गयी थीं। लेकिन प्रेमचन्द में आदर्श है, वहीं भिखारी ठाकुर में जीवन का कटु यथार्थ। प्रेमचन्द पर गांधीजी के 'हृदय परिवर्तन' का प्रभाव है और वे मनुष्य के अन्दर की सोयी नैतिकता को जगाना चाहते है। पर भिखारी ठाकुर सीधे जीवन में उतरते है और कटु यथार्थ को हास्य की चासनी में डुबोकर जनता के सामने रख देते है। भिखारी ठाकुर एक यथार्यवादी कलाकार हैं। सुधार तो यथार्थ चित्रण से भी होता है। बल्कि सुधार चेतना पैदा करने के लिए हास्य-व्यंग्य का पुट देकर यथार्थ का चित्रण आदर्श की कल्पना से ज़्यादा प्रभावी और कारगर होता है। इस क्षेत्र में भिखारी ठाकुर एक माहिर कलाकार है।

आरम्भ से अन्त तक कथा व्यंग्यात्मक और समस्यापूर्ण बनी हुई है। इसके पात्रों के नाम उनके गुणों के अनुरूप ही हैं। समाज और पारिवारिक व्यवस्था में गंदगी और गलीज पैदा करनेवाले कथानायक का नाम 'गलीज' है। जिसके कारण सामाजिक व्यवस्था में गड़बड़ी पैदा होती है, उसका नाम 'गड़बड़ी' है। गबरधिचोर का नामकरण भी सामाजिक विसंगति और गुणों के अनुरूप है। इस सामाजिक

समस्या को उठाकर भिखारी ठाकुर ने विवाहेतर सम्बन्धों की कलई खोल दी है और पतियों को ऐसे सम्बन्धों के विरुद्ध पत्नी अथवा स्त्री की ओर से सावधान किया है।

'गबरघिचोर' नाटक लिखते हुए भिखारी ठाकुर गर्भ पर स्त्री के मौलिक अधिकार का प्रश्न खड़ा करते हैं। इस नाटक की कथा बर्टेल्ट ब्रेख्त के नाटक 'काकेशियन चॉक सर्किल' ('खड़िया का घेरा') के कथ्य से मिलती-जुलती है। गबरघिचोर का कथ्य, जिसको लिखकर ब्रेख्त अन्तर्राष्ट्रीय ख्याति पाते हैं, वही कथ्य बमुश्किल साक्षर भिखारी ठाकुर अपने समाज से चुनते हैं और असंख्य स्त्रियों की वाणी बन जाते हैं। भिखारी की रचनात्मक संवेदना चकित करती है कि जिस कथ्य को ब्रेख्त चुनते हैं, ठीक उसी कथ्य को वे भी स्वीकार करते हैं। लेकिन ब्रेख्त का यह नाटक 1944 में प्रकाशित होता है और भिखारी ठाकुर इसके पहले ही 'गबरघिचोर' लिख चुके होते हैं। इसीलिए यह कहना कि 'गबरघिचोर' पर ब्रेख्त का प्रभाव है, गलत होगा। अनपढ़ भिखारी ब्रेख्त को जानते भी नहीं होंगे?

इस प्रकार भिखारी ठाकुर ने स्त्री-पुरुष सम्बन्ध के ऐसे प्रसंग और स्थितियों का, जो भारतीय समाज में पचाये नहीं पचते, उस जमाने में चित्रण करके स्त्री की अस्मिता और अधिकार की बात की है।

इसी प्रकार भिखारी ठाकुर के सभी नाटक समस्याप्रधान हैं।

□□